SPINNEN

Von Barbara Taylor
Fachberatung: John Michaels
Ins Deutsche übertragen von Andreas Hoffmann

Kosmos

Originalausgabe ist unter dem
Titel „Nature Watch – Spiders" 1999
erschienen bei Lorenz Books, New York
© 1999 Lorenz Books /Anness Publishing Ltd.,
New York, USA

Deutsche Ausgabe © 2000, Franckh-Kosmos
Verlags-GmbH & Co., Stuttgart
Alle Rechte vorbehalten.
ISBN 3-440-08258-X

Dieses Buch folgt den Regeln der neuen deutschen
Rechtschreibung.
Lektorat der deutschen Ausgabe: Cordula Gerndt
Übersetzung aus dem Englischen: Andreas Hoffmann
M.A., Punktum Verlags-Service, Bayreuth
Umschlaggestaltung: Atelier Reichert, Stuttgart, unter
Verwendung von Fotos von Dr. Heiko Bellmann

Die Deutsche Bibliothek – CIP-Einheitsaufnahme
Ein Titelsatz für diese Publikation ist bei der
Deutschen Bibliothek erhältlich.

Printed in Singapore
Satz und Herstellung: Markus Schärtlein
Druck und Bindung: Star Standard Industries Pte

Alle Spinnen, die in diesem Buch vorgestellt werden,
werden mit ihren deutschen Populärnamen bezeichnet.
Der wissenschaftliche lateinische Name folgt dann
jeweils in Klammern dahinter. Spinnen, die keinen
deutschen Populärnamen haben, werden nur mit ihrem
lateinischen Namen bezeichnet.

Bildnachweis:
u = unten, o = oben, m = Mitte, l = links, r = rechts
AKG: 16ul, 32ur – Heather Angel: 21ul – Bridgeman Art
Library: 11u – BBC Natural History Unit: G. Doré/23u;
Premaphotos/43u; Doug Wechsler/12ul – Bruce Coleman
Ltd.: Jane Burton/17or, 55o; John Cancalosi/9m; Gerald
Cubitt/14o; Adrian Davies/48ur; A. Dean/51u; Jeremy
Grayson/23o, 51o; Carol Hughes/54o; Janos Jurka/10ur;
George McCarthy: 27o, 48ul; Dieter und Mary Plage/53or;
Andrew Purcell/52u; John Shaw/6o; Alan Stillwell/13m, 16o,
48o, 50o, 51m; Jan Taylor/30o, 37ur; Kim Taylor/15u, 26u,
28ul; John Visser/17ol, 35o; Rod Williams/7or –
Mary Evans Picture Library: 5m, 21mr; Arthur
Rackham/61mr – Michael and Patricia Fogden: 8ul, 32ul,
36o, 36u, 37o, 47u –FLPA: 17ur, 55ur; Chris Mattison/40m; L.
Lee Rue/33ur; Roger 'T'idman/54u; Larry West/31u, 43o, 53m;
Tony Wharton/55um; Terry Whittaker/61o; Roger
Wilmshurst/59ur – Fortean Picture Library: 58o –
Microscopix Photolibrary: 13u, 14u; A. Syred/18m – Natural
Science Photos: 22u, 27u, 56o, 59or – Nature Photographers
Ltd.: 12ur, 20ul, 27m, 47mr, 55ul – NHPA: 31or, 42u, 56ul,
60o – Oxford Scientific Films: 25o, 37ul, 43o, 46u, 61ml –
Papilio Photographic: 11o, 20ur, 26o, 45or, 470, 53ol, 60u –
Planet Earth Pictures: Gary Bell/59ul; D. Maitland/13o, 31ol;
Brian Kenney/50ur – Ken Preston-Mafham/Premaphotos
Wildlife: 6ul, 7u, 8ur, 15ol, 15or, 21ml, 23ml, 24u, 25o, 28o,
28ur, 29u, 30u, 34l, 34r, 35ul, 35r, 38o, 38ur, 39or, 39u, 40o,
40ur, 41o, 41m, 42o, 44o, 44ul, 44ur, 46o, 47ml, 49u, 52o, 53u,
57ul, 57ur, 59ol – Dr. Rod Preston-Mafham/Premaphotos
Wildlife: 6ur, 16or, 17ul, 22o, 23mr, 32o, 38ul – Warren
Photographic: Jane Burton/10ul, 19o, 41u, 45ul, 56ur; Jan
Taylor/5ol, 13ol, 39ol, 39m, 57o; Kim Taylor/5or, 5u, 7m, 12o,
13or, 20o, 21o, 29o, 33ol, 33or, 45ol, 45ur, 49m, 58u.

I N H

Was sind Spinnen?

Seide und Netze

Ernährung und Jagd

A L T

SPINNEN STELLEN SICH VOR

Spinnen zählen zu den am meisten gefürchteten und am wenigsten erforschten Geschöpfen des Tierreiches. Diese haarigen Jäger sind bekannt dafür, dass sie Seide spinnen können und ihr Biss giftig ist. Gegenwärtig kennt man ungefähr 35 000 Spinnenarten und man vermutet, dass weitere 35 000 noch nicht entdeckt sind. Nur 30 Spinnenarten können jedoch dem Menschen gefährlich werden. Spinnen sind sehr nützliche Tiere: Sie fressen Schädlinge und sorgen auf diese Weise dafür, dass diese nicht überhand nehmen. Spinnen sind in nahezu allen Lebensräumen verbreitet: Sie leben in Wäldern, in Wüsten, im Grasland, in Höhlen, auf Schiffen und in unseren Häusern. Manche von ihnen weben zum Fangen ihrer Beute Netze, während andere sich aus einem Versteck heraus auf ihre Opfer stürzen oder sich wie ein Tiger an ihre Mahlzeit anschleichen. Es gibt sogar Spinnen, die sich ihr Abendessen aus dem Wasser angeln und wieder andere, die in einer Luftblase unter der Wasseroberfläche leben.

Der vordere Teil des Körpers einer Spinne setzt sich aus dem Kopf und der Brust zusammen und wird daher Kopfbrust (oder in der Fachsprache „Cephalothorax") genannt. Der Körper ist von einer zähen Haut umgeben, die man als Außenskelett bezeichnet. Die schildartige Platte auf der Oberseite der Kopfbrust heißt Rückenschild („Carapax").

Die Taster („Pedipalpen") dienen der Spinne zum Festhalten von Nahrung und zum Fühlen.

Die Kieferklauen („Cheliceren") dienen zum Beißen und Aufbrechen der Beute. Sie bestehen aus zwei Teilen: dem Grundglied und der zahnartigen Giftklaue am Ende, mit der Gift in den Körper der Beute eingespritzt wird.

Aus der Kopfbrust entspringen die 8 Laufbeine der Spinne, die innen hohl sind.

Der hintere Teil des Spinnenkörpers heißt Hinterleib oder „Abdomen". Er ist mit weicher, dehnbarer Haut überzogen.

Am Ende des Hinterleibs sitzen die so genannten Spinnwarzen. Mit ihnen kann die Spinne Seidenfäden herstellen.

WAS SIND SPINNEN?

Spinnen werden oft mit Insekten verwechselt. Sie zählen jedoch zu einer ganz anderen Klasse von Tieren. Spinnen besitzen 8 Laufbeine, während Insekten nur 6 haben. Der Körper der Spinnen ist in 2 Abschnitte gegliedert, während der der Insekten aus 3 Teilen besteht. Insekten besitzen im Gegensatz zu Spinnen Fühler bzw. Antennen und meistens Flügel.

NETZWEBER

Ungefähr die Hälfte aller Spinnen webt Netze. Sie müssen diese Fähigkeit nicht erlernen, sondern verfügen durch ihren Instinkt von Geburt an darüber. Viele Spinnen bauen jede Nacht ein neues Netz. Mit diesen Netzen fangen sie ihre Beute. Spinnen besitzen einen sehr guten Tastsinn und merken sehr schnell, ob sich etwas in ihrem Netz verfangen hat.

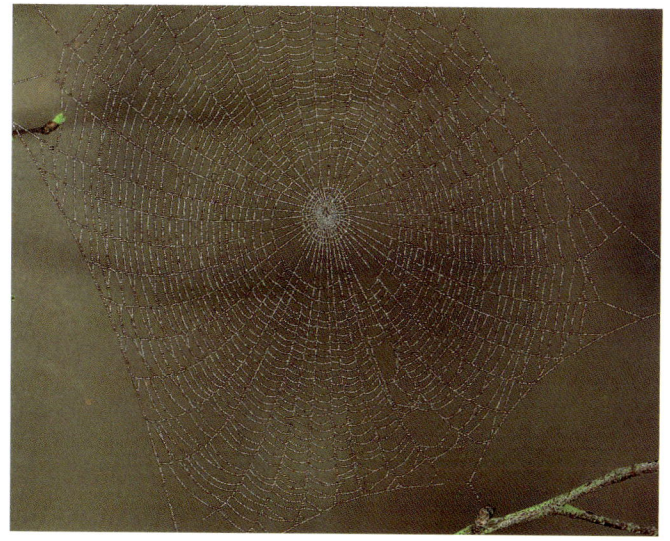

Die leuchtenden Farben sorgen dafür, dass diese Spinne zwischen Blüten kaum zu entdecken ist.

FORMEN UND FARBEN

Diese Spinne der Gattung *Arcys* heißt im Englischen „triangular spider" (was soviel wie „dreieckige Spinne" bedeutet). Diesen Namen verdankt sie ihrem leuchtend bunten Hinterleib, der die Form eines Dreiecks hat. Die Färbung und Form macht diese Spinne auf Blättern und Blüten, wo sie ihrer Beute auflauert, nahezu unsichtbar. Andere Spinnen teilen mit ihrer leuchtenden Färbung Fressfeinden mit, dass sie schlecht schmecken.

DIE SAGE VON ARACHNE

Eine griechische Legende berichtet von dem Mädchen Arachne, das in einem Wettkampf die Göttin Athene im Weben besiegte. Daraufhin wurde die Göttin so böse, dass Arachne Selbstmord beging. Athene war darüber so traurig, dass sie das Mädchen in eine Spinne verwandelte, damit sie auf ewig spinnen konnte. „Arachnida", die lateinische Bezeichnung für die Spinnentiere, hat ihren Ursprung in dieser Sage.

MÄNNCHEN UND WEIBCHEN

Die Weibchen sind normalerweise größer als die Männchen und weniger auffällig gefärbt. Dieses *Nephila*-Weibchen hat eine sehr markante Zeichnung. Das Männchen (ganz oben im Bild) hat nur etwa ein Fünftel ihrer Größe.

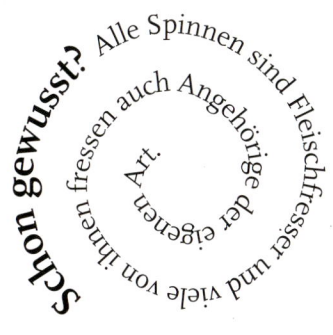

Schon gewusst? Alle Spinnen sind Fleischfresser und fressen auch Angehörige der eigenen Art.

FORMEN UND GRÖSSEN

Kannst du dir eine Spinne vorstellen, die so groß wie eine Frisbeescheibe oder ein Essteller ist? Eine solche Spinne gibt es wirklich – die südamerikanische Vogelspinne *Theraphosa blondi*! Die kleinste Spinne der Welt ist dagegen nur so groß wie der Punkt am Ende dieses Satzes. Außer in der Größe unterscheiden sich Spinnen auch in ihrem äußeren Erscheinungsbild. Während manche unauffällig mattbraun oder -grau gefärbt sind, stechen andere mit kräftigen gelben, roten und orangen Farbtönen hervor. Manche Spinnen sind kurz und gedrungen, während andere einen langen und schlanken Körper besitzen. Es gibt runde Spinnen, flache Spinnen und Spinnen mit Stacheln, Warzen und Hörnern. Ein paar Spinnen sehen sogar wie Ameisen, Wespen oder Kothäufchen von Vögeln aus!

KRABBENSPINNEN

Die Veränderliche Krabbenspinne (*Misumena vatia*) lauert auf einer Blüte gerade einem Insekt auf. Sie zählt zur großen Familie der Krabbenspinnen, die, wie der Name sagt, häufig Ähnlichkeit mit Krabben haben.

STACHELSPINNEN

Die tropischen Kreuzspinnen der Gattung *Gasteracantha* besitzen einen platten Hinterleib, aus dem stachelartige Fortsätze entspringen. Diese Tiere heißen deshalb auch Stachelspinnen. Niemand weiß, wozu die Stacheln dienen; auf jeden Fall sorgen sie dafür, dass Räuber große Schwierigkeiten damit haben, die Spinne festzuhalten oder zu verschlingen.

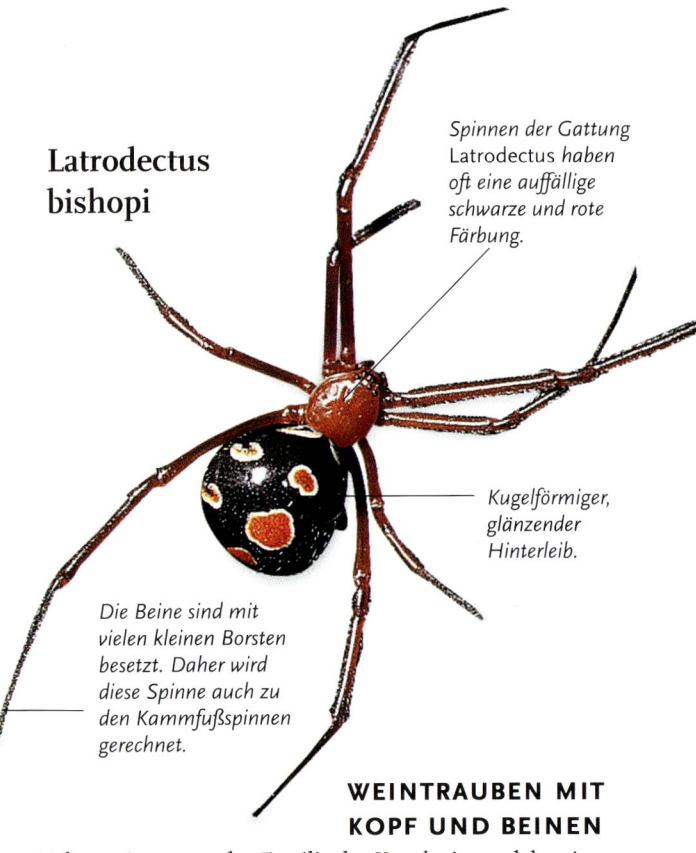

Latrodectus bishopi

Spinnen der Gattung Latrodectus haben oft eine auffällige schwarze und rote Färbung.

Kugelförmiger, glänzender Hinterleib.

Die Beine sind mit vielen kleinen Borsten besetzt. Daher wird diese Spinne auch zu den Kammfußspinnen gerechnet.

WEINTRAUBEN MIT KOPF UND BEINEN

Mehrere Arten aus der Familie der Kugelspinnen leben in Umgebungen, in denen auch Trauben wachsen. Die Weibchen haben einen kugelartigen Hinterleib, der wie eine Weintraube aussieht.

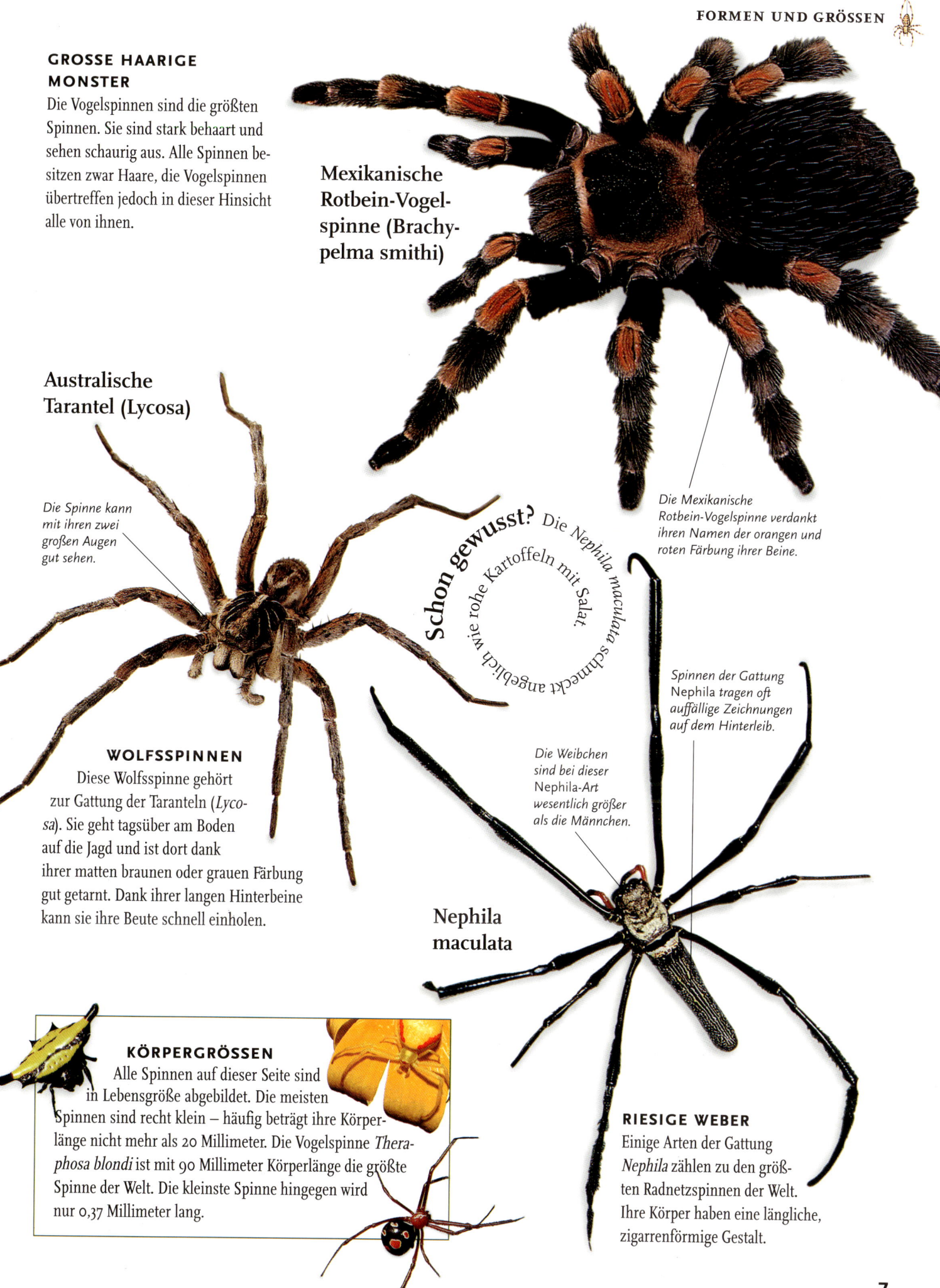

GROSSE HAARIGE MONSTER

Die Vogelspinnen sind die größten Spinnen. Sie sind stark behaart und sehen schaurig aus. Alle Spinnen besitzen zwar Haare, die Vogelspinnen übertreffen jedoch in dieser Hinsicht alle von ihnen.

Mexikanische Rotbein-Vogelspinne (Brachypelma smithi)

Die Mexikanische Rotbein-Vogelspinne verdankt ihren Namen der orangen und roten Färbung ihrer Beine.

Australische Tarantel (Lycosa)

Die Spinne kann mit ihren zwei großen Augen gut sehen.

Schon gewusst? *Die Nephila maculata schmeckt angeblich wie rohe Kartoffeln mit Salat.*

WOLFSSPINNEN

Diese Wolfsspinne gehört zur Gattung der Taranteln (*Lycosa*). Sie geht tagsüber am Boden auf die Jagd und ist dort dank ihrer matten braunen oder grauen Färbung gut getarnt. Dank ihrer langen Hinterbeine kann sie ihre Beute schnell einholen.

Nephila maculata

Spinnen der Gattung Nephila tragen oft auffällige Zeichnungen auf dem Hinterleib.

Die Weibchen sind bei dieser Nephila-Art wesentlich größer als die Männchen.

KÖRPERGRÖSSEN

Alle Spinnen auf dieser Seite sind in Lebensgröße abgebildet. Die meisten Spinnen sind recht klein – häufig beträgt ihre Körperlänge nicht mehr als 20 Millimeter. Die Vogelspinne *Theraphosa blondi* ist mit 90 Millimeter Körperlänge die größte Spinne der Welt. Die kleinste Spinne hingegen wird nur 0,37 Millimeter lang.

RIESIGE WEBER

Einige Arten der Gattung *Nephila* zählen zu den größten Radnetzspinnen der Welt. Ihre Körper haben eine längliche, zigarrenförmige Gestalt.

7

Lasiodora parahybana

NAHAUFNAHME:

D ie größten, am dichtesten behaarten Spinnen der Welt heißen Vogelspinnen. Es gibt ungefähr 800 verschiedene Vogelspinnen-Arten, die vor allem in den warmen und heißen Gegenden der Welt verbreitet sind. Einige von ihnen leben in Erdhöhlen, andere halten sich überwiegend auf Bäumen auf. Trotz ihres Furcht erregenden Aussehens sind die meisten Vogelspinnen scheue, ängstliche Tiere, die für den Menschen keine Gefahr darstellen. Bei manchen von ihnen ist ein Biss zwar sehr schmerzhaft, ihr Gift ist aber für Menschen nicht lebensgefährlich.

SPINNE, WIE HEISST DU?

Während die Vogelspinnen in Nordamerika und Europa „Vogelspinnen" heißen, bezeichnet man sie in Afrika als „Pavianspinnen". In Mittelamerika tragen sie den Namen „Pferdespinnen", weil man – fälschlicherweise – glaubte, dass ein Biss von ihnen bei einem Pferd den Verlust eines Hufes auslöst.

LEBENSZYKLEN

Auf diesem Bild sieht man, wie eine Mexikanische Rotbein-Vogelspinne (*Brachypelma smithi*) ihre Eier bewacht. Vogelspinnen-Weibchen können über 20 Jahre alt werden. Sobald die Weibchen geschlechtsreif geworden sind, legen sie in regelmäßigen Abständen Eier. Nach der Paarung tragen sie ihre Eier manchmal mehrere Monate mit sich herum, bis sie sie schließlich legen.

Pamphobeteus

Samtiger schwarzer Rückenschild.

Der Hinterleib ist von langen braunen Haaren bedeckt.

BODENBEWOHNER

Vertreter der Vogelspinnen-Gattung *Pamphobeteus* leben auf dem Boden des Amazonas-Regenwaldes. Sie sind sehr beeindruckende Räuber. Sie bauen weder Netze noch Erdhöhlen, sondern leben im offenen Gelände.

VOGELSPINNEN

KÖRPERBAU DER VOGELSPINNEN

Im Wesentlichen ist der Körper einer Vogelspinne genauso aufgebaut wie der jeder anderen Spinne und funktioniert auch auf die gleiche Weise. Die Spinne sieht schlecht und registriert Beute und drohende Gefahr mithilfe der vielen Tasthaare, die ihren Körper bedecken. Im Gegensatz zu anderen Spinnen können Vogelspinnen jedoch Haare von ihrem Hinterleib abstreifen, wenn sie angegriffen werden. Diese Haare verursachen ein juckendes Brennen. An den Fußenden haben Vogelspinnen Haarbüschel, mithilfe derer sie sich auch auf glatten Untergründen und sogar auf dem Wasser sicher bewegen können.

Tiger rump doppelganger (Cyclosternum fasciata)

Mit dem hintersten Beinpaar streift die Spinne Haare vom Hinterleib ab, um einen Feind abzuwehren.

Viele Vogelspinnen benutzen ihre kräftigen Hinterbeine zum Graben von Erdröhren.

Vogelspinnen haben acht winzige Augen, die sehr eng zusammenstehen.

FRESSZEIT

Vogelspinnen fressen hauptsächlich Insekten. Die *Avicularia metallica*, die hier zu sehen ist, frisst gerade eine Sattelschrecke (das ist ein Insekt, das zu den Heuschrecken zählt). Größere Vogelspinnen können auch größere Tiere wie Vögel oder sogar Schlangen erbeuten. Sie schleppen ihre Beute in ihre Erdhöhlen, um sie dort in Ruhe zu verspeisen. Die Mahlzeit kann mehrere Tage dauern.

GIFTKLAUEN

Vogelspinnen besitzen große hohle Giftklauen, aus denen Gift austritt, sobald das Tier zubeißt. Die meisten Spinnen zwicken beim Beißen ihre Giftklauen wie eine Zange zusammen. Die Vogelspinnen schlagen sie jedoch wie zwei Pickel nach unten in ihre Beute.

Weiße Texas-Vogelspinne (Aphonopelma chalcodes)

KÖRPERBAU

R ein äußerlich unterscheidet sich der Körper einer Spinne gewaltig von dem eines Menschen. Bei Spinnen sitzt das Skelett nicht im Inneren des Körpers, sondern umschließt ihn von außen wie eine feste Schale. Die Laufbeine der Spinnen weisen außerdem eine ganze Reihe von Gelenken auf. Spinnen haben Augen und einen Mund, aber keine Ohren und auch keine Nase oder Zunge. Sie tasten, schmecken und hören mithilfe von verschiedenen Haaren und Borsten und riechen mithilfe von mikroskopisch kleinen Poren, die sich in ihren Füßen befinden. Im Inneren sind Spinnen ähnlich wie andere Tiere gebaut: Sie haben ebenfalls Blut, Nerven, ein Gehirn und einen Verdauungsapparat. Darüber hinaus besitzen Spinnen besondere Drüsen zum Spinnen von Seide und zur Herstellung und Speicherung von Gift.

SPINNENPANZER

Das Außenskelett schützt den Spinnenkörper wie eine Rüstung. Es besteht aus einem harten Material, das Chitin heißt. Eine Wachsschicht macht es wasserundurchlässig. Da sich das Außenskelett beim Wachsen nicht mitdehnt, müssen sich Spinnen in regelmäßigen Abständen häuten. Hier ist die alte Außenhülle einer Jagdspinne der Gattung *Isopeda* zu sehen.

Die Spinnenmännchen nehmen mithilfe von Tasthaaren die Duftspuren auf, die die Spinnenweibchen hinterlassen.

SIGNALE VON DEN HAAREN

Die Tasthaare, die außen auf dem Spinnenkörper sitzen, machen die Spinne auf Nahrung oder Feinde aufmerksam. Die Tasthaare sind über den ganzen Körper verteilt. Auf den Tastern und den Beinen finden sich außerdem ganz spezielle Haare, die man als Becherhaare bezeichnet. Sie sitzen in becherartigen Vertiefungen und nehmen den leichtesten Luftzug war, der durch eine Bewegung verursacht wird.

SINNESORGANE IN DEN BEINEN

Eine Kürbisspinne (*Araniella cucurbitina*) macht sich über eine Fliege her. Spinnen haben über den ganzen Körper verteilt so genannte Sinnesspalten, mit denen sie wahrnehmen können, dass sich etwas in ihrem Netz verfangen hat. Mehrere Spalten bilden zusammen ein so genanntes lyriformes Organ. Damit nehmen Spinnen die Erschütterungen wahr, die ein Insekt verursacht, das im Netz zappelt. In den Sinnesspalten sitzen Nervenenden, die Signale an das Gehirn der Spinne senden.

SPINNENGIFT

Spinnen sind außerordentlich komplexe Wesen. Mithilfe ihres Giftes können sie ein Beutetier töten, bevor dieses seinen Angreifer verletzen kann. Spinnen verfügen über zwei Giftdrüsen, die jeweils mit den Giftklauen verbunden sind. Wenn die Spinne zubeißt, drücken Muskelbänder die Drüsen zusammen, sodass das Gift durch Verbindungskanäle in die Giftklauen gelangt und schließlich über kleine Öffnungen am unteren Ende austritt.

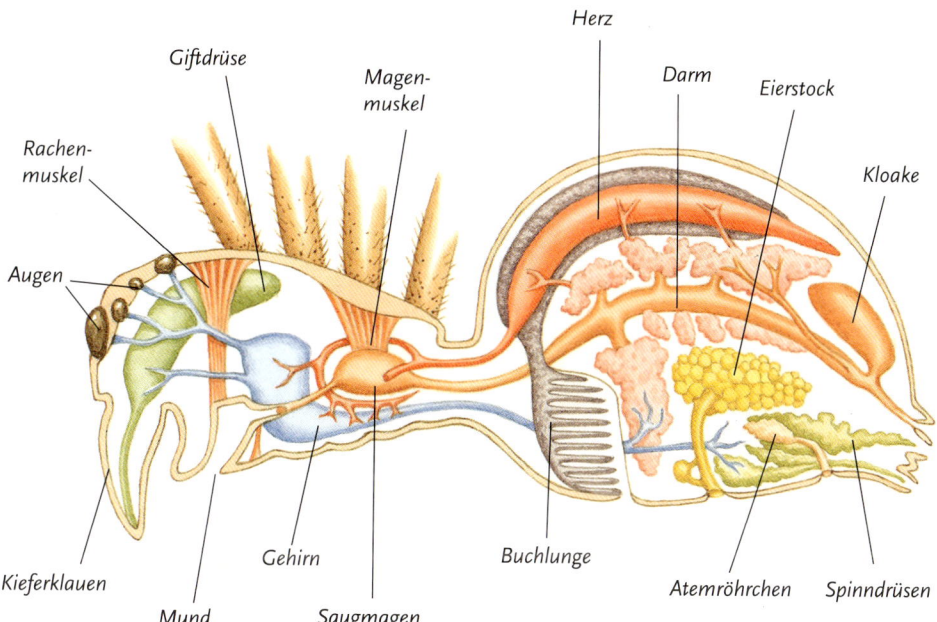

Giftdrüse — Magenmuskel — Herz — Darm — Eierstock — Kloake — Rachenmuskel — Augen — Kieferklauen — Mund — Gehirn — Saugmagen — Buchlunge — Atemröhrchen — Spinndrüsen

SPINNEN VON INNEN

Der Vorderleib (oder Cephalothorax) der Spinne birgt das Gehirn, die Giftdrüsen, den Magen sowie verschiedene Muskeln. Im Hinterleib (oder Abdomen) befinden sich das Herz, die Lunge, die Atemröhrchen, der Darm, die Ausscheidungsorgane, die Spinndrüsen und die Fortpflanzungsorgane. Der Magen einer Spinne funktioniert wie eine Saugpumpe: Wenn er sich ausdehnt, saugt er Nahrung in sich ein. Das Herz pumpt das Blut durch den Körper.

RAIKO UND DIE ERDSPINNE

Seit Tausenden von Jahren betrachten die Menschen Spinnen als gefährliche und unheimliche Tiere, die übernatürliche Kräfte besitzen. Dieser japanische Druck aus dem Jahr 1830 zeigt den Krieger Raiko und seine Gefährten, die Furcht erregende Erdspinnen töten.

IMMER IN BEWEGUNG

Hast du schon einmal beobachtet, wie flink sich eine Spinne aus dem Staub macht? Spinnen können sich sehr schnell bewegen, aber sie halten ein hohes Tempo nicht lange durch: Bereits nach kurzer Zeit geht ihnen die Puste aus. Spinnen können gehen, laufen, springen, klettern und sich kopfüber abseilen. Jedes einzelne Laufbein der Spinne besteht aus 7 Gliedern. Bewegt werden die Beine von verschiedenen Muskelsträngen und mithilfe des Blutdrucks. Am Ende jedes Beines sitzen zwei oder drei scharfe Krallen, die zum Festhalten auf dem Untergrund dienen. Spinnen, die Netze weben, haben außerdem an jedem Fuß eine besondere Kralle, mit der sie sich an ihren Spinnfäden festklammern können. Bei Jagdspinnen sitzen zwischen den Krallen dichte Haarpolster. Damit können sie sich auf glatten Oberflächen festhalten.

LUFTFAHRER

Viele junge oder kleine Spinnen flitzen an einem Spinnfaden durch die Luft. Oft erschließen sich Spinnen neue Lebensräume, indem sie sich an ihren Fäden vom Wind an neue Plätze tragen lassen.

WASSERLÄUFER

Die Listspinne (*Dolomedes fimbriatus*) kann sich wie ein Wasserläufer auf der Wasseroberfläche fortbewegen. Dank ihrer langen Beine verteilt sich ihr Körpergewicht gleichmäßig über das Wasser, sodass sie nicht einsinkt. Rings um jede Fußspitze bilden sich dabei kleine Dellen in der elastischen Wasserhaut.

RETTUNGSSEIL

Diese Kreuzspinne der Gattung *Araneus* klettert gerade an ihrem seidenen Sicherheitsfaden hoch. Spinnen lassen sich bei Störungen an solchen Fäden zu Boden fallen. Dabei lassen sie den Faden während des „Abseilens" aus ihren Spinnwarzen austreten. Während des Falls ziehen die Spinnen außerdem die Beine an ihren Körper.

SPINNENBEINE

Wie diese Falltürspinne der Gattung *Aname* winkeln alle Spinnen ihre Beine genauso wie wir Menschen mithilfe von Muskeln an. Um ihre Beine wieder zu strecken, müssen Spinnen allerdings Blut in diese hineinpumpen. Wenn sich eine Spinne verletzt und Blut verliert, kann sie vor Feinden nicht mehr fliehen und ist ihnen schutzlos ausgeliefert.

MEISTERSPRINGER

Springspinnen sind wahre Weitsprungkünstler. Bevor sie losspringen, sichern sie sich mit einem Sicherheitsfaden. Einige Arten können mehr als 40 mal so weit springen, wie sie selbst lang sind.

KRALLENFÜSSE

Zwei Krallen an den Füßen sorgen dafür, dass Spinnen beim Gehen Halt finden. Netzbauende Spinnen besitzen zusätzlich noch eine dritte, mittlere Kralle, die um die Seidenfäden des Netzes gelegt wird. Auf diese Weise halten sich die Netzspinnen an den glatten, trockenen Seidenfäden ihrer Netze fest, ohne abzurutschen oder gar in die Tiefe zu stürzen.

Haarpolster

HAARIGE FÜSSE

Bei vielen Jagdspinnen sitzt zwischen den Krallen ein dichtes Polster sehr feiner, kurzer Haare, das man als „Scopula" bezeichnet. Diese Härchen saugen einen Teil der Feuchtigkeit auf, die sich auf fast allen Oberflächen befindet, und „kleben" auf diese Weise die Spinnenfüße gegen den Untergrund. Spinnen, die mit solchen Füßen ausgestattet sind, können auch an glatten Oberflächen wie zum Beispiel Glas hochlaufen.

Gezähnte Kralle

Mittlere Kralle

Härchen mit Widerhaken

SPINNENAUGEN

Spinnen sehen schlecht und nehmen ihre Umgebung hauptsächlich mithilfe von Duftstoffen und Erschütterungen wahr. Sogar Spinnen mit gutem Sehvermögen, wie z. B. die Springspinnen, können nur 30 Zentimeter weit sehen. Die meisten Spinnen verfügen über 8 Augen, die in zwei oder drei Reihen angeordnet sind. Sie sind perlmuttfarben oder schwarz und für gewöhnlich durch mehrere Borsten geschützt. Spinnenaugen werden auch „Ocellen" genannt und in zwei Gruppen eingeteilt: Die Hauptaugen liefern ein scharfes Bild und sind hauptsächlich zum Packen der Beute von Nutzen. Die Nebenaugen bestehen aus lichtempfindlichen Zellen und dienen der Wahrnehmung entfernter Bewegung.

OHNE AUGEN

Diese Höhlenspinne der Art *Spelungula cavernicola* braucht keine Augen, da es in den Höhlen, in denen sie lebt, stockdunkel ist. Wie viele andere Tiere, die ohne Licht leben, verlässt sie sich auf andere Sinnesorgane. Zur Orientierung, zum Beutefang und um Feinden aus dem Weg zu gehen benutzt sie hauptsächlich ihre zahlreichen Tasthaare.

GROSSE AUGEN

Die Hauptaugen einer Spinne sind leicht zu erkennen: Es sind immer die beiden mittleren Augen in der vorderen Reihe. Bei den meisten Spinnen sind die Hauptaugen recht klein. Diese Springspinne besitzt jedoch sehr gut entwickelte Hauptaugen, wie man auf der vergrößerten Abbildung sehr gut sehen kann. Dank ihrer kann sich die Spinne an ihre Beute anschleichen und auf sie stürzen, sobald sie sich nahe genug herangeschlichen hat.

Schon gewusst? Die beiden Hauptaugen einer Springspinne sind zusammen größer als ihr Gehirn.

*Die Augen sind
dicht nebeneinander
angeordnet.*

JAGDSPINNEN

Die Jagdspinne *Holconia immanis* ist ein flinker, nachtaktiver Räuber. Die meisten Jagdspinnen besitzen ziemlich große Hauptaugen, um ihre Beute aufspüren und packen zu können. Die Nebenaugen sorgen dafür, dass die Spinne in einem erweiterten Bereich räumlich sehen kann. Sie nehmen Veränderungen der Helligkeit wahr.

KURZSICHTIG

Spinnen, die den größten Teil ihres Lebens unter Steinen oder in Erdhöhlen verbringen, haben gewöhnlich nur kleine Augen. Diese Falltürspinne der Gattung *Aname* besitzt 8 winzige Augen, die dicht nebeneinander angeordnet sind. Spinnen, die ihre Beute mithilfe von Netzen fangen, können ebenfalls nur sehr schlecht sehen; sie verlassen sich mehr auf ihren Tastsinn als auf ihr Sehvermögen. Mithilfe ihrer Beine erkunden sie Dinge, die sich in ihrer Nähe befinden.

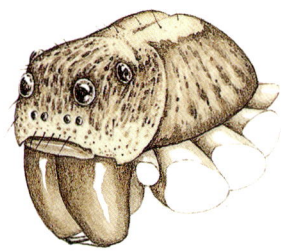

Eine Wolfsspinne mit großen Augen (Familie Wolfsspinnen/ Lycosidae).

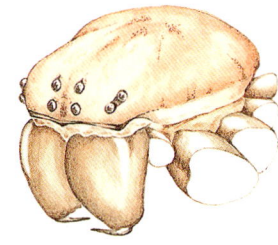

Die kleinen Augen einer Radnetzspinne (Familie Radnetzspinnen/ Araneidae).

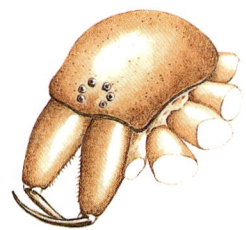

Eine Sechsaugenspinne (Familie Sechsaugen/Dysderidae).

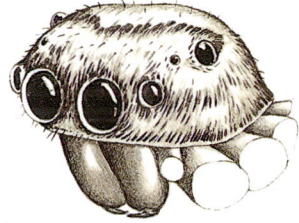

Eine Springspinne (Familie Springspinnen/Salticidae).

AUGEN FÜR DIE JAGD

Die Spinnen mit dem besten Sehvermögen sind tagaktive Räuber wie diese Springspinne. Bei Springspinnen sind die Augen normalerweise in drei Querreihen angeordnet: Zwei große Hauptaugen und zwei große Nebenaugen bilden die vordere Reihe. Dahinter liegen vier kleinere Nebenaugen.

ALLERLEI AUGEN

Die Lage und Anordnung der Augen sind sehr hilfreich, wenn man eine Spinne bestimmen will; sie verraten viel darüber, wie sie ihre Beute fängt. Die meisten Spinnen haben mehr als sechs Augen. Bei manchen Spinnen sitzen einige der Augen auf kleinen Stielen, die vom Kopf abstehen.

SEIDE SPINNEN

Alle Spinnen können Seidenfäden spinnen. Sie ziehen diese Fäden für gewöhnlich mit ihren Hinterbeinen aus den Spinnwarzen heraus, die an ihrem Hinterleib sitzen. Die Seide ist zunächst eine klebrige Flüssigkeit, die an der Luft jedoch rasch trocknet und dadurch fest wird. Je mehr Seide herausgezogen wird, umso stärker und stabiler wird der Faden. Manche Spinnfäden sind sogar reißfester als Stahldrähte der gleichen Stärke! Die Spinnfäden sind aber nicht nur sehr stabil, sondern auch unglaublich dünn, elastischer als Gummi und klebriger als Klebeband. Spinnen können mit ihren verschiedenen Spinndrüsen bis zu sechs verschiedene Sorten von Spinnfäden herstellen. Jede Fadenart dient einem ganz bestimmten Zweck: Während die eine zum Bau des Netzes gut ist, wird die andere zum Einwickeln der Beute verwendet. Manche Spinnenweibchen verfügen außerdem über eine besondere Seide zur Herstellung von Eikokons.

Spinnen der Gattung Agrocea *hängen ihre Kokons an Stängeln und Ästchen auf. Außerdem "verputzen" sie die Kokonwand zusätzlich mit Schlamm, der nach dem Aushärten einen Schutzüberzug bildet.*

FEENLÄMPCHEN

Manche Spinnenweibchen besitzen eine besondere Spinndrüse zur Herstellung von Eikokons, die im Volksmund als „Feenlämpchen" bezeichnet werden. Sie dienen dem Schutz der Eier.

DIE FLEISSIGE SPINNE

Schon seit vielen Jahrhunderten bewundert man die Spinnen wegen ihres unermüdlichen Eifers. Um die Begriffe „harte Arbeit" und „Fleiß" zu versinnbildlichen, malte der italienische Maler Paolo Veronese diese Frauenfigur, die ein Spinnennetz samt Spinne hochhält. Der Maler wollte auf diese Weise die Tugenden der Stadt Venedig darstellen, die durch den Handel reich geworden war.

SEIDENER SCHLUPFWINKEL

Viele Spinnen bauen ihre Wohnungen oder Nester aus Seide. Die Sechsaugenspinne *Segestria florentina* baut ihr Nest in Rindenlöchern. Von dieser Wohnröhre aus führen Stolperfäden wie die Speichen eines Rades strahlenförmig nach außen. Sobald ein Insekt über einen dieser Fäden stolpert, prescht die Spinne heraus, um sich den Leckerbissen zu packen.

KLEBRIGE SEIDE

Aus den Spinnwarzen dieser Spinne tritt gerade frische Seide aus. Spinnen können gleichzeitig mehrere Sorten von Seide spinnen. Radnetzspinnen stellen eine gummiartige Seide her, die ihre Netze klebrig macht.

LUNCHPAKET

Eine Kreuzspinne der Gattung *Araneus* hindert eine Heuschrecke an der Flucht, indem sie sie mit Seidenfäden einspinnt. Die Beute wird gleichzeitig durch den giftigen Spinnenbiss gelähmt. Die meisten Spinnen wickeln ihre Beute mit Seide ein.

SPINNWARZEN

Die Spinnwarzen einer Spinne sind am Ende von vielen feinen Röhrchen bedeckt, die man als Spinnspulen bezeichnet. Die kurzen von ihnen dienen der Herstellung von hauchdünnen Seidenfäden, mit denen Beutetiere eingewickelt werden. Die längeren Spinnspulen stellen gröbere Fäden her, die beim Netzbau Verwendung finden.

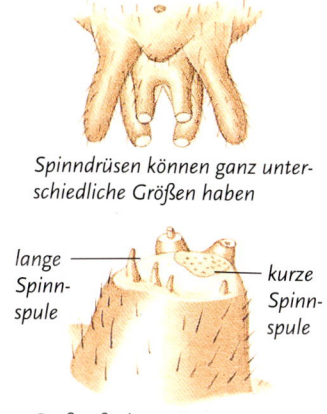

Spinndrüsen können ganz unterschiedliche Größen haben

lange Spinnspule — kurze Spinnspule

Großaufnahme einer Spinnwarze

FEINSTE SEIDE

Diese Finsterspinne der Gattung *Amaurobius* zieht mit ihren Hinterbeinen eine besondere Fadensorte aus ihren Spinnwarzen hervor. Sie besitzt ein zusätzliches Spinnorgan (das sogenannte „Cribellum"), das der Herstellung von ganz feinen Seidenfäden dient.

KLETTVERSCHLUSS-SEIDE

Manche Netze bestehen zum Teil aus winzigen Maschen, in denen wie bei einem Klettverschluss die Haare und Borsten von Insekten hängen bleiben. Zusammen mit normalen Fäden sorgt die watteartige Cribellumseide dafür, dass sich einmal gefangene Insekten nicht mehr aus dem Netz befreien können.

NAHAUFNAHME:

Das kreisrunde Radnetz einer normalen Kreuzspinne (Gattung *Araneus*) hat einen Durchmesser von ungefähr 25 Zentimetern und besteht aus 20 bis 60 Meter Seidenfaden. Zuerst spannt die Spinne eine Fadenbrücke zwischen zwei Punkten. Das ganze Netz wird von diesem einen Faden getragen. Von ihm ausgehend spannt die Spinne dann einen Rahmenfaden, sodass er zusammen mit der Fadenbrücke ein großes Ypsilon bildet. Vom Mittelpunkt dieses Ypsilons aus zieht die Spinne nun mehrere Speichenfäden ein. Danach begibt sich das Tier wieder zum Mittelpunkt und spinnt dort die so genannte Nabe, die kreisrund ist und das ganze Gebilde verstärkt. Nun wandert die Spinne von Speiche zu Speiche spiralförmig um die Nabe herum. Dabei legt sie ihre Hilfsspirale, die dafür sorgt, dass die Speichenfäden an Ort und Stelle bleiben. Schließlich wandert die Spinne wieder zur Nabe zurück und baut die eigentliche Fangspirale in das Netz ein. Nur sie besteht aus Klebefaden. Wenn die Fangspirale fertig ist, macht es sich die Spinne auf der Nabe bequem und wartet auf Beute.

KLEBRIGE PERLEN

Beim Einbau der Fangspirale in das Radnetz bildet die Spinne in regelmäßigen Abständen aus der klebrigen Seide Tröpfchen, die wie Perlen auf einer Halskette aussehen. Während sie die Fangspirale legt, frisst die Spinne die trockene Hilfsspirale auf. Die Spinne kann die Nährstoffe, die sie enthält, wieder verwerten.

1. Diese Kreuzspinne hat gerade mit dem Bau ihres Radnetzes begonnen. Sie hat eine Fadenbrücke zwischen zwei Anheftungspunkten gespannt und sich dann von dessen Mitte aus an einem Rahmenfaden heruntergelassen, sodass ein Y-förmiges Gebilde entstanden ist.

2. Jetzt zieht die Spinne weitere Fäden in das Gebilde ein, die wie die Speichen eines Rades aussehen. Diese Fäden bezeichnet man daher als Speichenfäden oder Radien. Vom Mittelpunkt ausgehend baut die Spinne nun eine trockene Hilfsspirale ein, damit die Speichen an Ort und Stelle bleiben.

EIN SPINNENNETZ ENTSTEHT

Zum Weben ihres Netzes braucht eine Radnetzspinne weniger als eine Stunde. Die Spinne setzt sich schließlich kopfüber auf die Unterseite der Nabe oder legt sich außerhalb des Netzes auf die Lauer.

3. Von außen her wandert die Spinne nun wieder in Richtung Nabe und legt dabei die eigentliche Fangspirale. Dabei wandert sie aber nicht immer in der gleichen Richtung im Kreis herum, sondern wechselt diese mehrfach. Zwischen der Fangspirale und der trockenen Hilfsspirale bleibt ein freier Bereich.

4. Das fertige Netz hält ein Insekt, das sich in ihm verfangen hat, auf jeden Fall so lange fest, dass die Spinne genügend Zeit hat, seine genaue Lage zu orten. Die Spinne merkt, ob die Fäden des Netzes fest oder locker sind und macht sich schließlich zum Töten der Beute auf.

RADNETZSPINNEN

Ungefähr 3000 Spinnenarten spinnen das typische Radnetz; die meisten davon zählen zur Familie der Radnetzspinnen (*Araneidae*). Einige Angehörige der Familie Kräuselfaden-Radnetzspinnen (*Uluboridae*) bauen ebenfalls Radnetze. Dabei verwenden sie, wie der Name bereits andeutet, einen speziellen Kräuselfaden. Jede Radnetzspinne webt in ihrem Leben ungefähr 100 Radnetze und besitzt dazu große Spinndrüsen. Das Radnetz ist eine geniale Erfindung: Es ist beinahe unsichtbar, jedoch gleichzeitig sehr reißfest und elastisch. Es stellt das einfachste Mittel zum Fangen eines fliegenden Beutetieres dar und erfordert gleichzeitig den geringsten Verbrauch an Spinnseide. Das ist von großer Bedeutung, denn die Spinnen verbrauchen beim Herstellen der Seide viel wertvolles Körperaufbau-Eiweiß.

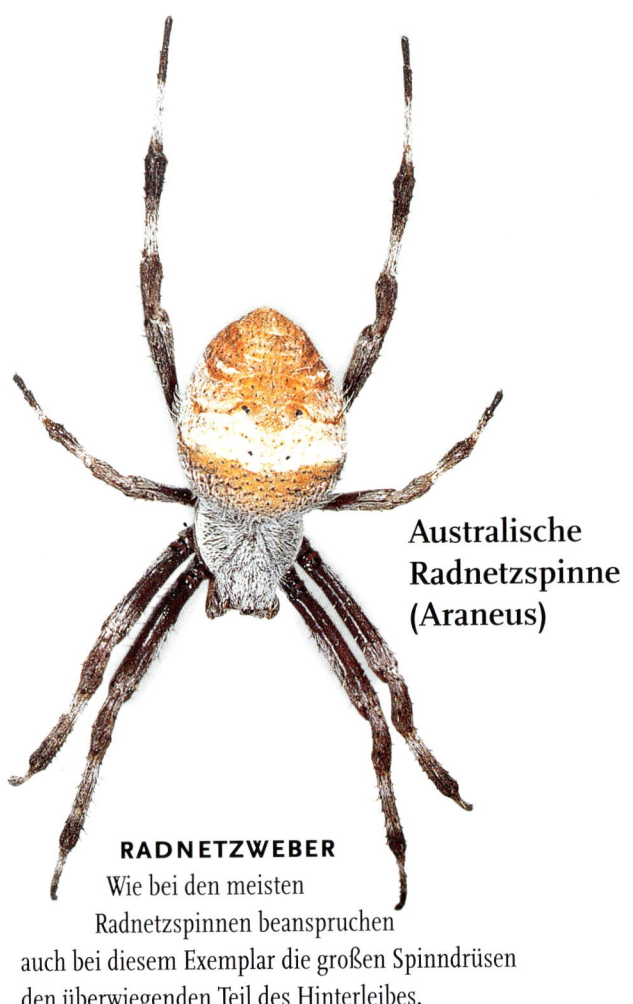

Australische Radnetzspinne (Araneus)

RADNETZWEBER
Wie bei den meisten Radnetzspinnen beanspruchen auch bei diesem Exemplar die großen Spinndrüsen den überwiegenden Teil des Hinterleibes.

RADNETZE IM MORGENTAU
Klebetröpfchen lassen dieses Radnetz im Morgentau wunderschön schimmern. Die Fangspirale, die aus Klebefaden besteht, verhindert, dass sich Insekten, die in das Netz geflogen oder gesprungen sind, wieder befreien können.

NEU GEMACHT IN DER NACHT
Die meisten Radnetzspinnen weben jede Nacht ein neues Netz, da ein frisches Netz die wirksamste Falle ist. Die Seide des alten Netzes wird dabei aufgefressen. Die Größe des Netzes hängt von der der Spinne ab – je jünger und kleiner die Tiere sind, umso kleiner sind auch ihre Netze.

NETZ MIT DEKORATION

Manche Radnetzspinnen verzieren ihre Netze mit Zickzackfäden. Junge Spinnen bauen diese eher kreisförmig ein, während erwachsene Spinnen längliche Strukturen erstellen. Niemand weiß genau, für was sie gut sind – einige dienen vermutlich zu Tarnzwecken, während andere sehr auffällig sind und wohl Vögel davon abhalten sollen, in das Netz zu fliegen.

WARTEN AUF BEUTE

Sobald eine Spinne die Erschütterungen wahrnimmt, die ein Insekt verursacht, das im Netz zappelt, läuft sie zu ihm hin und tötet es. Dabei bewegt sie sich aber nur auf den trockenen Speichenfäden und meidet jede Berührung mit der klebrigen Fangspirale.

Schon gewusst?

Aus einem Teelöffel Spinnseide ließen sich 1 Million Netze weben.

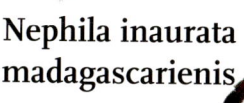
Nephila inaurata madagascariensis

RIESIGE NETZE

Große tropische Spinnen der Gattung *Nephila* verspinnen feste gelbe Seide zu riesigen Radnetzen, die bis zu 2 Meter Durchmesser haben können. Mit diesen gewaltigen Netzen, die ungeheuer stabil sind, können sie sogar kleine Vögel erbeuten.

DIE SPINNE UND DER KÖNIG

Im Jahr 1306 ruhte sich der schottische König Robert I. Bruce von einer verlorenen Schlacht in einer Scheune aus. Dabei beobachtete er eine Spinne, die gerade versuchte, ein Netz zu weben. Erst beim siebten Versuch gelang ihr das Netz. Von dem Verhalten der Spinne ermutigt, nahm der König den Kampf erneut auf und schlug die Engländer 1314 in der Schlacht von Bannockborn.

DECKEN-, TRICHTER- UND RAUMNETZE

Außer dem bekannten Radnetz bauen Spinnen auch Netze in vielen anderen Formen und Größen. Netze, die wie Trichter oder Decken aussehen, sind nicht klebrig; Beutetiere verfangen sich in dem Gewirr kreuz und quer verlaufender Fäden. Diese Art von Netzen sind besonders gut für Beutetiere geeignet, die laufen oder sich hüpfend fortbewegen. Die meisten Trichterspinnen bauen auch noch lange nach der eigentlichen Fertigstellung an ihren Netzen weiter. Raumnetze bestehen ebenfalls aus vielen trockenen, wild miteinander verstrickten Fäden, aber sie weisen außerdem auch Fäden auf, die mit klebrigem Gummi überzogen sind. Manche Spinnen bauen große Gemeinschaftsnetze, in denen die Tiere alleine oder zusammen auf die Jagd gehen.

DECKENNETZE

Ein typisches Decken- oder Baldachinspinnennetz wird von einem Gewirr von Fäden getragen, die oberhalb und unterhalb von ihm gespannt sind. Die Seide, aus denen das Netz besteht, ist nicht klebrig; die Beutetiere stolpern vielmehr über die Fäden und fallen dann auf die Decke, die unter ihnen ausgebreitet liegt. Die Spinne hängt kopfüber an der Unterseite der Decke. Dort lauert sie darauf, dass eine Beute auf die Decke fällt.

Schon gewusst? In einem einzigen Gemeinschaftsnetz der sozialen Spinnen leben bis zu 20 000 Tiere.

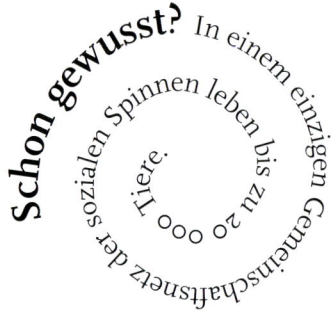

VOGELSPINNEN-NETZE

Große Trichternetze werden von vielen Vogelspinnen, Falltürspinnen und Trichterspinnen gebaut. Diese Vogelspinne der Art *Aviculuria avicularia* sitzt über dem Eingang ihres Trichternetzes. Sie fängt hauptsächlich Baumfrösche und Insekten.

TAUBELADENE DECKENNETZE

Die Deckennetze der Spinnen aus der Familie der Baldachinspinnen (*Linyphiidae*) sind im Morgentau sehr gut zu erkennen. Die meisten dieser Netze haben nur einen geringen Durchmesser, einige können jedoch auch die Größe eine Esstellers erreichen. Manchmal finden sich auf einem einzigen Stechginster-Strauch bis zu 50 Deckennetze.

TRICHTERNETZE

Die Labyrinthspinne (*Agelena labyrinthica*) baut ein so genanntes Trichternetz. Es besteht aus einer Netzdecke, die in einer ihrer Ecken in einen röhrenförmigen Unterschlupf übergeht; das Ganze hat Ähnlichkeit mit einem Trichter. Die Spinne sitzt am Eingang ihrer Wohnröhre. So wartet sie geduldig darauf, dass sich ein Insekt in dem Gewirr der Seidenfäden verheddert. Die bekanntesten Trichternetze sind die Spinnweben, welche die Hausspinne (*Tegenaria domestica*) in Zimmerecken webt.

SPINNENSTÄDTE

Hunderte von Radnetzspinnen der Art *Cyrtophora citricola* bauen miteinander ein Gemeinschaftnetz, das wie eine Spinnenstadt aussieht. Solche Netze sind so groß, dass sie fast einen ganzen Baum bedecken können. Obwohl die Spinnen sehr eng beieinander leben, verteidigt jede selbst ihr eigenes Netz und greift auch Nachbarn an, die sich zu nahe heranwagen. Junge Spinnen bauen ihre Netze innerhalb der Rahmenfäden der Netze ihrer Mütter.

RAUMNETZE

Spinnen der Familie Haubennetzspinnen (*Theridiidae*) bauen dreidimensionale Gitterstrukturen, die man als Raumnetze bezeichnet. Das hier abgebildete Raumnetz ist über eine große Pflanze drapiert. Bei vielen dieser Netze findet sich ein fingerhutförmiger Unterschlupf, in dem die Spinne ihre Beute verspeist. Manche der Fäden sind klebrig, sodass Insekten Mühe haben, sich wieder aus dem Netz zu befreien.

KLEBRIGE FALLEN

Manche Spinnen bauen nicht nur einfache Netze und warten dann, dass sich etwas in ihnen fängt. Sie gehen vielmehr selbst aktiv auf die Jagd. Spinnen der Familie Dinopidae werfen ein stabiles, dehnbares Netz über ihre Opfer. Bolaspinnen der Gattung *Mastophora* sind sehr ungewöhnliche Radnetzspinnen, die keine Netze bauen. Sie fangen fliegende Insekten aus der Luft, indem sie eine Leimkugel, die sich am Ende eines Seidenfadens befindet, gegen diese schleudern – dieses Fanggerät ähnelt einer Angelschnur mit Angelhaken! Speispinnen sind sogar noch schlauer. Sie bespucken ihre Opfer mit giftigen und klebrigen Speichelfäden, die sie richtiggehend am Boden „festnähen".

SPIDER-MAN

Der Biss einer radioaktiven Spinne verlieh dem Comic-Helden Spider-Man besondere Kräfte. Er ist unheimlich stark und besitzt eine Art sechsten Sinn für Gefahren. Außerdem findet er auf fast allen Oberflächen Halt. Aus speziellen Öffnungen in seinen Handgelenken kann er klebrige Seidenfäden herausschießen lassen, die an der Luft sofort stahlhart werden. Spider-Man setzt seine besonderen Fähigkeiten nur zu Bekämpfung von Verbrechern ein.

DIE NETZWERFERIN

In der Nacht lässt sich diese Spinne der Gattung *Dinopis*, die Ähnlichkeit mit einer Stabheuschrecke hat, an den Hinterbeinen kopfüber von einem Ast herabhängen. Dabei hält sie gleichzeitig ein sehr elastisches, klebriges Seidennetz zwischen ihren vier vorderen Beinen. Sobald nun ein Insekt unter dem Netz vorbeikrabbelt oder -fliegt, spannt sie das Netz auf und bewegt es schnell auf das Tier zu, um es einzufangen. Die Spinne besitzt riesige Augen, damit sie auch in der Nacht gut sehen kann.

Die Spinne hängt kopfüber von einem Seidenfaden herab und wartet auf Beute. Dabei hält sie das dehnbare Netz zwischen ihren vier vorderen Beinen, die sie dicht an ihren Körper herangezogen hat.

Wenn nun ein Insekt vorbeihuscht, breitet die Spinne ihr Netz aus und streckt sich blitzschnell auf die Beute zu. Dann frisst sie das Insekt und kehrt anschließend wieder in ihre Lauerstellung zurück.

Sobald ein Nachtfalter naht, schleudert die Bolaspinne die klebrige Leimkugel am Ende ihrer Angelschnur gegen ihn.

Der Nachtfalter ist an der Leimkugel kleben geblieben. Die Spinne holt nun ihre Angelschnur ein und der Schmaus beginnt.

NACHTFALTER-ANGELN

Bolaspinnen fangen Nachtfalter mithilfe eines Fanggerätes, das aus einem Seidenfaden und einer klebrigen Leimkugel besteht. Ihr Name geht auf die „bola" zurück: Das ist ein Fang- und Wurfgerät, mit dem südamerikanische Cowboys Vieh einfangen. Es besteht aus einem starken Seil und drei Kugeln und wird so geschleudert, dass es sich um die Beine der Tiere wickelt. Die Bolaspinne lockt die Nachtfalter an, indem sie einen Duftstoff freisetzt, der dem Sexuallockstoff der Falter täuschend ähnlich ist. Doch statt des erhofften Geschlechtspartners finden die Falter nur die Leimkugel der Spinne vor ...

SPEISPINNE

Speispinnen besitzen in ihren Vorderkörpern riesige Drüsen, in denen Gift und Leim produziert wird. Sobald sich die Spinne ganz nahe an ihrer Beute befindet, spritzt sie aus ihren Giftklauen ein Gemisch aus Gift und Leim in zwei dünnen Strahlen über das Tier. Schließlich verabreicht sie dem Opfer einen tödlichen Giftbiss, befreit es von den giftigen Speichelfäden und verspeist es.

Während der giftige Leim aus ihren Giftklauen schießt, bewegt die Spinne diese gleichzeitig schnell hin und her. Dadurch wird das Opfer unter zwei Zickzack-Leimbändern, die schnell trocknen, eingeschlossen.

EINFACHE NETZE

Diese Zitterspinne der Gattung *Pholcus* webt ein dünnes Raumnetz, das beinahe unsichtbar ist. Sobald sich ein Insekt oder eine andere Spinne in diesem Netz verheddert, schleudert die Zitterspinne frische Seidenfäden über ihre Beute. Aufgrund ihrer langen Beine kann sie dabei einen sicheren Abstand halten. Sobald sich das Opfer nicht mehr wehren kann, macht sich die Spinne darüber her.

AUF BEUTEFANG

Nur etwa die Hälfte aller Spinnen webt zum Beutefang Netze. Viele Spinnen lauern ihrer Beute auf und überwältigen sie dann mit einem Überraschungsangriff. Die Krabbenspinnen sind mit dieser Methode sehr erfolgreich. Wieder andere Spinnen, wie z. B. die Falltürspinnen, stellen ihren Opfern Fallen, überwältigen sie aber auch aus dem Hinterhalt. Die Springspinnen sind gewandte, flinke Räuber, die sich an ihre Beute heranpirschen. Spinnen sind in Bezug auf ihr Fressen nicht sehr wählerisch. Insekten wie Heuschrecken, Ameisen und Bienen stellen ihre Hauptnahrung dar, aber manche fressen auch Fische, Mäuse und Vögel. Viele Spinnen fressen sogar andere Spinnen.

SEIDENE FALLEN

Radnetze sind für das Fangen von Insekten bestimmt, die ungefähr die gleiche Größe haben wie die Spinnen selbst. Diese Radnetzspinne frisst gerade eine Schnake. Zuerst hat sie ihr Opfer gebissen und mit Seidenfäden eingewickelt, dann hat sie die verschnürte Schnake aus dem Netz herausgetrennt und zum Fressen weggeschafft. Manche Insekten, z. B. Nachtfalter, schaffen es, sich wieder aus dem Netz zu befreien. Kleinere Spinnen neigen dazu, große Insekten aus ihren Netzen zu befreien, bevor sie allzu viel Schaden anrichten.

Das leere Außenskelett einer halb ausgesaugten Fliege.

Tote Fliegen lagert die Spinne für den späteren Verzehr, indem sie sie im Netz aufhängt.

TÖDLICHE MARGERITE

In der Blütenmitte dieser Margerite sitzt eine Kürbisspinne (*Araniella cucurbitina*). Sie hat ihr Radnetz direkt über der Margeritenblüte aufgespannt. Kleine Insekten werden von der harmlos aussehenden Blume angelockt, verfangen sich im Netz und enden dann als Spinnennahrung. Die Spinne tötet sie, knetet sie, sodass ihre Innereien weich wie Brei werden, und saugt sie schließlich aus.

WASSERJÄGER

Diese Listspinne (*Dolomedes fimbriatus*) hat gerade eine blaue Libelle gefangen. Sie lebt in Sümpfen und Tümpeln, wo sie sich hauptsächlich auf den Blättern von Wasserpflanzen aufhält. Sie breitet ihre Beine über die Wasseroberfläche aus, um Erschütterungen wahrzunehmen, die von Insekten verursacht werden, die ins Wasser fallen. Fische, die unter der Wasseroberfläche schwimmen, fängt diese Jagdspinne ebenfalls. Manchmal lässt sie sogar ihre Beine wie Köder im Wasser baumeln, um kleine Fische in die Nähe ihrer gierigen Klauen zu locken.

HAARIGER JÄGER

Vogelspinnen machen ihrem Namen alle Ehre – sie fressen tatsächlich Vögel. Dieses Exemplar hier hat gerade eine Maus gefangen. Vogelspinnen fressen auch Eidechsen, Frösche und sogar kleine Giftschlangen. Um den Körper einer Schlange leer zu saugen, braucht die Spinne bis zu einem ganzen Tag. Überwiegend ernähren sich Vogelspinnen jedoch von Insekten. Sie sind nachtaktiv und stöbern ihre Beutetiere über deren Duft bzw. über die Erschütterung auf, die diese verursachen.

SPORTLICHER JÄGER

Luchsspinnen fangen ihre Beute auf Pflanzen. Manchmal springen sie ihrer Beute von Blatt zu Blatt hinterher, manchmal liegen sie aber auch unbeweglich auf der Lauer. Die Luchsspinne der Gattung *Peucetia* ist ein sportlicher Jäger, der mit seinen langen, dünnen Beinen mühelos von Stängel zu Stängel springen kann. Sie frisst oft auch andere Spinnen und macht auch vor eigenen Artgenossen nicht Halt. Dieses Exemplar hat gerade eine Termite gefangen.

NAHAUFNAHME:

S ie sind leuchtend hell gefärbt wie Pfaue, haben große, neugierige Augen wie Katzen und können flink wie Affen springen
– kleine Springspinnen zählen zweifellos mit zu den außer-
gewöhnlichsten Spinnen. Die Familie der Springspinnen
(*Salticidae*) umfasst ungefähr 4000 Arten, die überwiegend in den wärmeren Gebieten der Erde leben. Die
meisten Springspinnen sind ständig auf der Jagd. Ruck-
artig sausen sie durch die Gegend und spähen unablässig
nach möglichen Beutetieren. Ähnlich wie Katzen sich an Mäuse
heranschleichen, pirschen sie sich an ihre Beute heran und
ducken sich schließlich vor dem entscheidenden Sprung. Springspinnen können ihre winzigen Köpfe drehen und schauen einen
Menschen, der sie betrachtet, direkt an.

ZEICHENSPRACHE
Bei den Springspinnen sind die Vorderbeine der Männchen besonders lang und
kräftig. Bei ihren Balztänzen winken sie
mit ihnen, so als ob sie damit in Zeichen-
sprache sprechen wollten.

BEREIT ZUM SPRUNG
Vor dem Sprung befes-
tigt sich eine Spring-
spinne gewissenhaft
mit einem seidenen
Sicherheitsfaden an
ihrem Untergrund.
Dann springt sie auf ihr
Ziel los; dabei drückt
sie sich mit ihren vier
Hinterbeinen ab. Die
australische Spring-
spinne *Satis volans* verfügt außerdem über
flügelartige Klappen,
die ihr bei ihren Sprün-
gen zu einer Art Gleit-
flug verhelfen.

STÄMMIGE BEINE
Die Beine der Springspinnen scheinen nicht besonders an das
Springen angepasst zu sein. Doch ihre geringe Größe (meist
sind sie kaum länger als 15 Millimeter) und ihr ebenfalls gerin-
ges Gewicht sind dafür verantwortlich, dass sie den Spinnen ein
erstaunliches Sprungvermögen verleihen.

SPRINGSPINNEN

EIN GEWALTIGER SATZ

Bevor eine Springspinne lossspringt, hebt sie ihre kräftigen Vorderbeine in die Höhe. In der Luft streckt sie diese dann nach vorne, und nach der Landung packt sie mit ihnen sofort ihre Beute. Dichte Haarpolster an den Füßen erleichtern es Springspinnen, sich auf glatten oder an senkrechten Flächen festzuhalten. Springspinnen können sogar von senkrechten Flächen aus lossspringen, um ein fliegendes Insekt zu packen.

SPRINGENDE KANNIBALEN

Springspinnen fressen auch ihre eigenen Verwandten. Dieses Springspinnenweibchen der Art *Telamonia dimidiata* frisst gerade einen Vertreter einer anderen Springspinnenart. Einige seltene Springspinnen der Gattung *Portia* rütteln sogar an den Netzen von Radnetzspinnen – ganz so, als ob sie ein Insekt wären, das sich aus dem Netz zu befreien versucht! Wenn dann die Radnetzspinne kommt, um nachzusehen, was los ist, schlägt die *Portia*-Spinne zu ...

VERSTECKTE FALLEN

Manche Spinnen gehen nicht aktiv auf die Jagd nach Beute. Sie lauern lieber in unterirdischen Höhlen oder Röhren aus Spinnseide und warten darauf, dass ihr Essen von selbst vorbeispaziert kommt. Rund um den Eingang des unterirdischen Schlupfwinkels befinden sich Stolperfäden. Sobald Insekten oder andere kleine Tiere am Eingang vorbeikommen und über sie purzeln, bemerkt die Spinne dies durch das Zupfen an den Fäden. Jetzt hat sie genug Zeit, aus ihrem Bau herauszuschnellen und die Beute zu packen. Zu den geduldigen Spinnen, die sich auf die Lauer legen, zählen auch die Falltürspinnen. Sie besitzen besondere Dornen an ihren Kieferklauen, mit denen sie beim Graben ihrer Löcher die Erde beiseite schieben können. Die Erdlöcher bieten den Spinnen auch Schutz vor schlechtem Wetter und Fressfeinden.

SEIDENE TÜR

Der Deckel der Wohnröhre der Falltürspinne besteht aus Seide und Erdteilchen und ist an einer Stelle mit einem Scharnier aus Seide befestigt. Er passt normalerweise genau in die Öffnung der Erdröhre und ist häufig mit Ästchen, Blättern und Moos getarnt. Wenn eine Überschwemmung droht, baut die Falltürspinne Wälle oder Hügel rund um den Eingang, damit kein Wasser in die Röhre eindringen kann.

RÖHRE AUS SEIDE

Hier ist eine Tapezierspinne der Art *Atypus affinis* zu sehen, die sich gerade außerhalb ihrer Erdröhre aufhält. Die meiste Zeit verbringt sie in dieser Wohnröhre, die mit einer dicht gewobenen Seidentapete ausgekleidet ist. Die Röhre ist ungefähr 45 Zentimeter lang und hat einen Durchmesser von einem Finger. Der obere Teil des Schlauches ragt aus der Erde oder aus einem Baumstumpf heraus. Er ist mit Erdteilchen, Pflanzenteilen und Beuteresten bedeckt, sodass er kaum zu erkennen ist.

Die Tapezierspinne lauert darauf, dass sich ein Insekt auf ihrem Fangschlauch niederlässt.

Jetzt schlägt die Spinne ihre scharfen Klauen in das Insekt.

IN DER WOHNUNG EINER TAPEZIERSPINNE

Die Tapezierspinne sitzt im Inneren ihres Schlauches und wartet. Sobald ein Insekt auf dem Schlauch sitzt, schlägt die Spinne ihre langen scharfen Klauen durch die Schlauchwand hindurch in das Opfer und zerrt dieses zu sich hinein.

TRICHTERNETZ-BAUER

Die australische Vogelspinne *Atrax robustus* ist eine der giftigsten Spinnen der Welt. Sie lebt in einer Wohnröhre in der Erde, die innen mit Seide ausgekleidet ist. Um die Röhrenöffnung herum legt sie ein Trichternetz an, das bis zu 1 Meter Durchmesser haben kann. Stolperfäden, die vom Trichternetz zur Wohnröhre führen, verraten der Spinne, dass ein Beutetier naht. Die Vogelspinne frisst hauptsächlich Käfer, große Insekten, Schnecken und kleine Säugetiere. Sie kann sich ihre Wohnröhre mit den Giftklauen selber graben, lieber nutzt sie aber bereits bestehende Löcher und Spalten.

STOLPERFÄDEN

Diese große Gliederspinne der Gattung *Liphistius* spannt Stolperfäden rund um den Eingang ihrer Wohnhöhle, um die Bewegungen eines Leckerbissens wahrnehmen zu können. Hat sie keine Stolperfäden installiert, vertraut die Spinne darauf, dass sie die Erschütterungen, die Beutetiere verursachen, durch den Boden hindurch spürt. Sobald sie merkt, dass sich ein Leckerbissen in der Nähe befindet, stürzt die Spinne aus ihrer Wohnhöhle heraus und packt das Tier mit ihren Kieferklauen.

Schon gewusst?
Falltürspinnen leben bis zu 20 Jahre lang in derselben Wohnröhre.

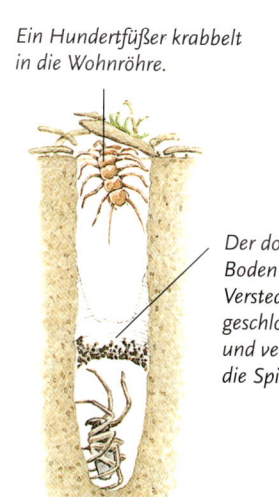

Die Spinne hält Ausschau nach Beutetieren.

Falltür aus Seide

Ein Hundertfüßer krabbelt in die Wohnröhre.

Der doppelte Boden des Verstecks ist geöffnet.

Der doppelte Boden des Verstecks ist geschlossen und verbirgt die Spinne.

EINE FLEISSIGE ERDARBEITERIN

Einige seltene Wolfsspinnen wohnen in Erdröhren. Diese Tarantel der Art *Lycosa aspersa* hat gerade mithilfe ihrer Kieferklauen die Erde herausgeschafft und ist nun dabei, die Innenwand der Röhre mit Seide auszukleiden. Um den Eingang zu tarnen, hat sie einen Wall aus Ästchen und Pflanzenteilen aufgeschichtet.

ALLERLEI FALLEN

Die Wohnröhren von Falltürspinnen sind oft kunstvolle Höhlensysteme mit versteckten Türen und Fluchttunnein. Die Wohnröhre der Falltürspinne *Anidiops villosus* verfügt z. B. über ein abschließbares Versteck. Die Spinne zieht einen doppelten Boden über sich und ist somit für ihre Feinde nicht mehr sichtbar.

GIFT DER SPINNEN

Fast alle Spinnen setzen zum Töten ihrer Beute und zur Verteidigung Gift ein. Nur die Angehörigen der Familie der Kräuselfaden-Radnetzspinnen besitzen keine Giftdrüsen. Die Spinnen spritzen ihr Gift mittels ihrer Giftklauen ein, die man auch als Fänge bezeichnet. Es gibt im Wesentlichen zwei Arten von Gift, die schlimme Auswirkungen nach sich ziehen können. Die meisten gefährlichen Spinnen, wie z. B. die Arten der Gattung *Latrodectus*, stellen ein Nervengift her, das das Opfer rasch lähmt. Die andere Giftart wirkt langsamer; sie zerstört das Gewebe und löst Geschwüre und Wundbrand aus. Sie wird von den Spinnen der Gattung Braune Spinne (*Loxosceles*) hergestellt. Spinnengift ist zum Töten von Insekten und anderen kleinen Beutetieren bestimmt – nur etwa 30 Spinnenarten können auch dem Menschen gefährlich werden.

EIN NETTER BETTGENOSSE
Diese kleine Spinne heißt *Loxosceles rufescens* und zählt zur Gattung Braune Spinne (*Loxosceles*). Sie lebt in den Behausungen des Menschen und verkriecht sich gerne in Kleidern und Bettzeug. In Amerika hat ihr Biss in einigen Fällen schon zum Tod von Menschen geführt.

WANDERSPINNEN
Die in Brasilien lebende Wanderspinne *Phoneutria fera* ist eine große Jagdspinne, deren Gift besonders stark ist. Wenn sie gestört wird, hebt sie ihre Vorderbeine an, um ihre bedrohlichen Giftklauen zur Schau zu stellen. Ihre Giftdrüsen sind bis zu 10 Millimeter lang und enthalten so viel Gift, dass man damit 225 Mäuse töten könnte. Am Biss dieser Spinnen sind schon mehrere Menschen gestorben.

VEITSTANZ
Im Mittelalter gaben die Bewohner der süditalienischen Stadt Taranto (Tarent) der großen Wolfsspinne Lycosa narbonensis *den Namen „Tarantel". Sie glaubten, dass der Giftbiss dieses Tieres eine rasende Tanzsucht, den so genannten Veitstanz, hervorrufen würde; unser Ausdruck „wie von der Tarantel gestochen" hat denselben Sachverhalt zum Ursprung. Ein Tarantelbiss ist jedoch ungefährlich. Die im Mittelmeerraum vorkommende Variante der Schwarzen Witwe hat wahrscheinlich zur selben Zeit eine ganze Reihe von Todesfällen verursacht.*

SCHNELLER TOD

Da Krabbenspinnen kein Netz weben, müssen sie ihre Beute schnell töten. Üblicherweise spritzen sie ihr Gift in den Haupt-nervenstrang im Hals, wo es seine Wirkung am besten entfalten kann. Krabbenspinnen können Insekten überwältigen, die viel größer als sie selbst sind, z. B. Bienen.

WEIBLICHE KANNIBALEN

Die in Australien lebende *Latrodectus hasselti*, die zur selben Gattung wie die Schwarze Witwe gehört, ist eine der giftigsten Spinnen der Welt. Die Weibchen dieser Spinnenart haben die Angewohnheit, ihre männlichen Ge-schlechtspartner nach der Paarung aufzufressen – diesem Um-stand verdankt die Schwarze Witwe übrigens ihren Namen.

Schon gewusst? Das Gift einer Spinne der Gattung *Latrodectus* ist 15 mal stärker als das einer Klapperschlange.

SANFTER RIESE

Vogelspinnen sehen sehr gefährlich aus und besitzen riesige Gift-klauen, aber ihr Biss ist kaum schmerzhafter als ein Wespenstich. Ihre Giftdrüsen sind recht klein und die Spinnen beißen nur, wenn man sie unsanft behandelt.

SCHWARZE WITWE

Die im Mittelmeerraum und in Amerika ver-breitete Schwarze Witwe (*Latrodectus mactans*) ist eine weitere Spinne, deren Gift den Tod eines Menschen verursa-chen kann (die moderne Medizin kann dies heute allerdings ver-hindern). Spinnen dieser Art sind sehr scheu und fliehen bei der geringsten Störung. Sie halten sich aber gerne in der Nähe des Menschen auf. Ihr Gift lähmt Säugetiere und Vögel, indem es de-ren Nervensystem zerstört.

DIE GIFTKLAUEN

Die Kieferklauen (Cheliceren) einer Spinne bestehen aus zwei Teilen: dem Grundglied und der scharfen, spitzen Giftklaue. Die Giftklaue sieht aus wie eine gebogene Nadel und ist innen hohl. Sie sitzt am Ende des Grundglieds, das direkt vor dem Mund aus dem Körper der Spinne entspringt. Die Kieferklauen bzw. Fänge werden zwar auch zum Graben von Erdhöhlen und zum Transport von Eiern benutzt, hauptsächlich dienen sie jedoch dem Einspritzen von Gift und der Verteidigung. Das Gift tritt durch ein winziges Loch aus. Obwohl die Kieferklauen nicht sehr lang sind, sind sie dank des Giftes sehr wirkungsvolle Waffen. Nachdem eine Spinne ein Beutetier überwältigt hat, bereitet sie es unter Einsatz von Verdauungssäften zu einem weichen, breiigen Klumpen auf. Das muss sie tun, weil ihr Mund zur Aufnahme von fester Nahrung viel zu klein ist. Anschließend saugt die Spinne die flüssige Nahrung in ihren Magen. Bei der Aufnahme der Nahrung schwillt der Hinterleib der Spinne an – daher wirkt die Spinne nach einer Mahlzeit dicker.

FROSCHSUPPE

Spinnen müssen manchmal recht große Tiere verarbeiten, bevor sie sie als Nahrung aufsaugen können. Diese rostfarbene Wanderspinne der Art *Cupiennius getazi* wendet einen Baumfrosch hin und her, um ihn dabei zwischen ihren Kieferklauen zu zermalmen. Sie spürt die Frösche anhand deren Paarungsrufen auf, die sie mithilfe der lyriformen Organe in ihren Laufbeinen wahrnimmt.

EIN SCHLABBERIGER HAPPEN

Diese Gartenkreuzspinne (*Araneus diadematus*) hat ihre Beute in eine breiige Mahlzeit verwandelt. Die Grundglieder der Kieferklauen sind mit scharfen Zähnchen ausgestattet, sodass die Spinne ihre Beute damit leichter aufbrechen und zerlegen kann. Die etwas kleineren Kauladen, die links und rechts neben der Mundöffnung sitzen, werden ebenfalls dazu verwendet, die Beute zu einem Brei weich zu kneten.

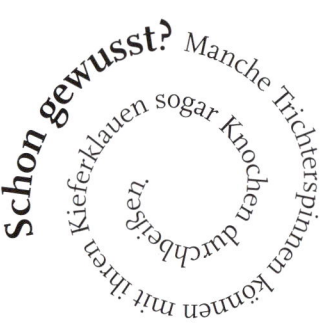

Schon gewusst? Manche Trichterspinnen können mit ihren Kieferklauen sogar Knochen durchbeißen.

GIFTDOLCHE

Diese Vogelspinne hat gerade mit ihren dolchartigen Giftklauen die Haut einer neugeborenen Feldmaus durchstoßen, um dieser ihr Gift einzuspritzen. Bei den Vogel- und Falltürspinnen befinden sich die Giftdrüsen vollständig innerhalb der Kieferklauen-Grundglieder und erstrecken sich nicht, wie bei den meisten Spinnen, bis in den Kopf hinein. Das Gift der Vogelspinnen verursacht bei kleinen Tieren den Tod und beim Menschen Juckreiz und Schwellungen.

FUNKTIONSWEISE DER GIFTKLAUEN

Bei den meisten Spinnen bewegen sich die Kieferklauen in seitlicher Richtung gegeneinander und öffnen und schließen sich wie bei einer Greifzange. Anders bei den Vogel- und Falltürspinnen: Sie stoßen ihre Klauen wie zwei Dolche senkrecht nach unten. Wenn die Spinne zuschlägt, hebt sie ihren Vorderkörper an und sticht dann ihre Giftklauen senkrecht nach unten in das Beutetier. Voraussetzung dafür, dass diese Dolchklauen auch funktionieren, ist, dass das Beutetier auf festem Untergrund steht.

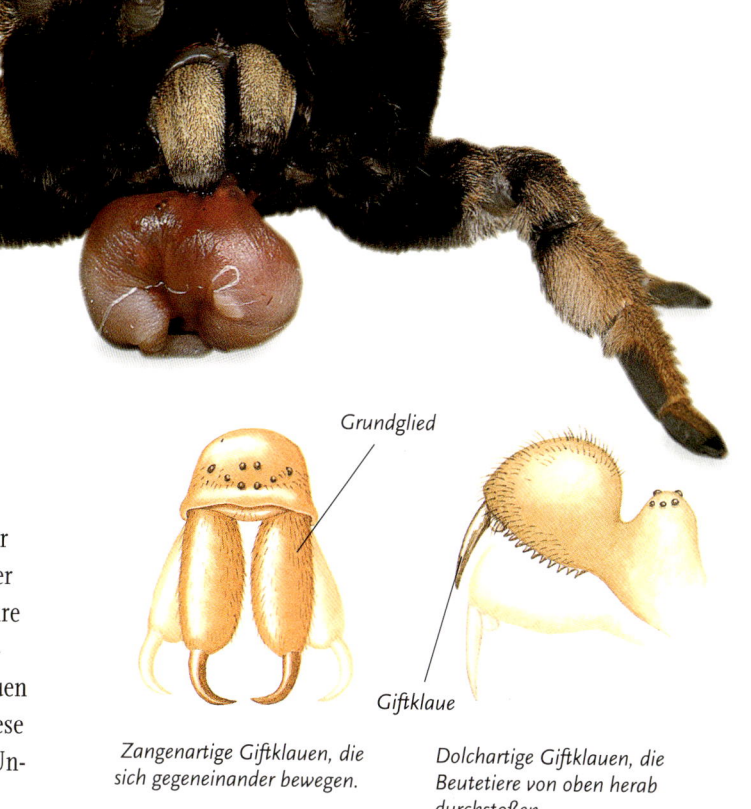

Grundglied

Giftklaue

Zangenartige Giftklauen, die sich gegeneinander bewegen.

Dolchartige Giftklauen, die Beutetiere von oben herab durchstoßen.

VERTEIDIGUNG MIT DEN GIFTKLAUEN

Eine australische Falltürspinne der Gattung *Aname* versucht sich ein gefährliches Aussehen zu geben, wenn sie bedroht wird. Sie kippt ihren Körper nach hinten und nimmt ihre Vorderbeine in die Höhe, sodass ihre langen Giftklauen gut zu sehen sind.

ZANGENARTIGE GIFTKLAUEN

Die Giftklauen der tropischen Radnetzspinne *Argiope lobata* funktionieren wie eine Beißzange. Die Spinne wickelt Insekten, die sie mithilfe ihres Netzes fängt, erst mit Seide ein, bevor sie sie beißt.

VERTEIDIGUNG

Spinnen haben kleine, saftige Körper und sind somit für viele Räuber ein schmackhafter Leckerbissen. Um ein Zusammentreffen mit ihren Feinden – anderen Spinnen, Schlupfwespen, Eidechsen und Fröschen – zu vermeiden, verstecken sich viele Spinnen. Falltürspinnen nutzen dazu gut getarnte Erdhöhlen. Andere Spinnen verbergen sich mithilfe von wundervollen Tarnfarben und raffinierten Zeichnungen, die sie mit ihrer Umgebung verschmelzen lassen. Ganz im Gegensatz dazu ahmen andere Spinnen die leuchtenden Farben von gefährlichen Insekten wie z. B. Wespen nach. Durch diesen Trick täuschen sie ihre Feinde. Manche Spinnen stellen sich sogar tot, da Räuber normalerweise nur lebende Beute fressen.

DROHGEBÄRDE

Die Radspinne *Carparachne aureoflava* lebt auf den Sanddünen der Namib-Wüste im Süden Afrikas. Dank ihrer goldenen Farbe verschmilzt sie optimal mit ihrer Umgebung. Wenn sie jedoch von Feinden überrascht wird, richtet sie sich auf, um imposanter und gefährlicher zu wirken.

Die Spinne versucht größer zu erscheinen, indem sie ihren Hinterleib hoch in die Luft reckt.

Um angriffslustiger zu wirken, streckt die Spinne ihre Beine hoch und wackelt mit ihnen hin und her.

Um größer zu erscheinen, stellt sich die Spinne auf ihre Zehenspitzen.

FLUCHT-RAD

Falls es der Radspinne nicht gelingt, einen Feind mit ihrer Drohstellung zu vertreiben, verfügt sie über eine weitere, sehr bemerkenswerte Methode: Sie wirft sich auf die Seite, zieht ihre Beine an den Körper und rollt sich zu einem Rad ein. Dann kugelt sie sich schnell die Düne hinab.

SCHLUPFWESPEN

Diese Schlupfwespe hat gerade mit ihrem Stich eine Spinne gelähmt. Wespen greifen Spinnen an, die so groß sind wie selbst, manchmal aber auch größere Exemplare. Zuerst sticht die Wespe die Spinne, um sie zu lähmen. Dann schleppt sie die Spinne zu einem Erdloch, legt ein Ei in deren Körper und begräbt sie bei lebendigem Leibe. Die Wespenlarve schlüpft dann später aus dem Ei und ernährt sich von dem Fleisch der Spinne. Die Spinne stellt für die heranwachsende Wespe also eine Art lebende Vorratskammer dar.

FEINDE DER SPINNEN

Eine hungrige Eidechse zermalmt gerade eine schmackhafte Spinne. Viele Tiere – u. a. Frösche, Kröten, (Spitz-)Mäuse, Affen, Kletterbeutler und Opossums – fressen Spinnen. Vögel stellen für gewöhnlich keine Gefahr dar, denn die meisten Spinnen sind nachts aktiv, wenn nur wenige Vögel unterwegs sind. Die häufigsten Feinde der Spinne sind kleinere wirbellose Tiere. Dazu zählen andere Spinnen, Schlupfwespen, Raubwanzen, Skorpione und Hundertfüßer.

Schon gewusst? Zitterspinnen springen auf und ab, um Feinde abzuschrecken.

Die auffällige Zeichnung auf der Körperunterseite warnt Feinde davor, diese Spinne anzugreifen.

KAMPF IN RÜCKENLAGE

Wenn diese giftige Spinne angegriffen wird, dreht sie sich auf den Rücken und präsentiert ihre Warnfarben. Farben wie Gelb, Orange, Rot und Schwarz teilen anderen Tieren mit: „Ich bin giftig, lass mich in Ruhe." Weitere aktive Verteidigungsstrategien sind das Vorzeigen der Giftklauen und das Bespritzen des Angreifers mit einer Flüssigkeit oder mit Gift.

FÄRBUNG UND TARNUNG

Handelt es sich um ein Blatt, einen Ast oder ein Stück Rinde? Oder ist es gar ein Häufchen Vogelkot? Falsch – es ist eine Spinne! Viele Spinnen ähneln in ihrer Gestalt und Färbung Gegenständen in ihrer unmittelbaren Umgebung. Sie sind dadurch so perfekt getarnt, dass es fast unmöglich ist, sie zu entdecken – vor allem dann, wenn sie noch dazu regungslos verharren. Eine Spinne kann sich auf diese Weise im offenen Gelände aufhalten, wo sie leichter Beute findet. Gleichzeitig bleibt die Spinne so für Feinde und Beutetiere unsichtbar. Ein paar Spinnen, wie z. B. die Krabbenspinnen oder manche Springspinnen, können sogar ihre Farbe ändern und sich so an einen wechselnden Untergrund anpassen; allerdings brauchen die Spinnen dazu etwas Zeit. Intensiv bunt gefärbte Tiere schmecken oft widerwärtig. Ihre auffälligen Farben teilen ihren Feinden mit, dass sie besser daran tun, sie in Ruhe zu lassen.

AMEISE ODER SPINNE?

Die Ameisenspringspinne (*Myrmarachne plataleoides*) sieht fast genauso wie eine Weberameise aus. Dass es sich bei ihr aber tatsächlich um eine Spinne handelt, kann man daran erkennen, dass sie 8 statt 6 Beine hat. Die Ameisenspinne ahmt eine Ameise nach, weil Räuber sich vor deren schmerzhaftem Biss fürchten.

SANDSPINNE

Die Wolfsspinne *Arctosa perita* hält sich meistens auf Sand oder Kies auf. Ihre gefleckte Färbung löst ihre Körperkonturen auf, sodass sie kaum zu erkennen ist. Wenn sie sich nicht bewegt, kann man sie fast nicht von Sandkörnchen oder Kieselsteinchen unterscheiden.

TARNUNG ALS BLÜTE

Viele Krabbenspinnen sind teilweise oder ganz wie die Blüten der Pflanzen gefärbt, auf denen sie Insekten auflauern. Hier ist eine Krabbenspinne der Art *Epicadus heterogaster* zu sehen. Die fleischigen Lappen auf ihrem Hinterleib ahmen die weißen, orchideenartigen Blüten ihrer Gastpflanze nach.

BLATT-DOPPELGÄNGER

Der Hinterleib dieser Spinne hat eine bucklige und faltige Gestalt. Wenn diese Spinne ihre Beine anzieht, sieht sie wie ein altes Laubblatt aus.

VOGELHÄUFCHEN

Viele Spinnen schützen sich vor Feinden, indem sie sich das Aussehen von einem Häufchen Vogelkot geben: Die Räuber rühren für gewöhnlich keine Ausscheidungen an. Gleichzeitig locken die Spinnen auf diese Weise Insekten an, die das Salz fressen, das in den Ausscheidungen enthalten ist. Manche Spinnen können sogar einen Duft freisetzen, der so ähnlich wie Vogelkot riecht.

Schon gewusst? Eine südamerikanische Wolfsspinne kann innerhalb von 30 Minuten ihre Farbe wechseln.

ALS AST GETARNT

Spinnen, die wie ein Ast aussehen, müssen eine bestimmte Haltung einnehmen, um wirksam getarnt zu sein. Diese Spinne der Gattung *Poltys* hält ihre vier Vorderbeine über das Gesicht, während die vier Hinterbeine eng am Hinterleib anliegen.

TARNUNG ALS BAUMFLECHTE

Die Jagdspinne *Pandercetes gracilis*, die in den Regenwäldern Australiens und Neuguineas lebt, hält sich die meiste Zeit auf der Rinde einer bestimmten Baumart auf. Dabei stimmt ihre marmorierte Färbung mit der der Flechten überein, die die Rinde bedecken. Kurze Haare geben der Färbung außerdem einen matten Ton. An den Beinen und den seitlichen Partien der Spinne sitzen Haarfransen, die verhindern, dass sie einen Schatten wirft.

NAHAUFNAHME:

D a sowohl die breiten, flachen Körper dieser Spinnen als auch ihre seitwärts gerichteten Laufbewegungen an Krabben erinnern, heißt die Familie, der sie angehören, Krabbenspinnen (*Thomisidae*). Es gibt rund 3000 Krabbenspinnen-Arten, die über die ganze Welt verbreitet sind. Krabbenspinnen bauen normalerweise keine Netze. Meistens lauern sie auf Blüten, Blättern, Baumstämmen oder dem Boden ihrer Beute auf. Die meisten sind recht klein (kaum länger als 20 Millimeter) und verlassen sich beim Beutefang auf ihre List und ihr starkes Gift. Die Männchen sind bei den Krabbenspinnen in der Regel nur halb so groß wie die Weibchen und unterscheiden sich in der Färbung beträchtlich von ihnen.

KÖRPERTEILE

Krabbenspinnen sind normalerweise nur schwach behaart und viele von ihnen, wie z. B. diese *Thomisus onustus*, haben eine kräftige Färbung. An ihren Körpern sitzen häufig warzenartige Höcker und Beulen, vor allem bei den Weibchen. Ihre beiden Vorderbeinpaare sind ideal an das Ergreifen von Beutetieren angepasst.

WECHSELNDE FÄRBUNG

Die Weibchen der Veränderlichen Krabbenspinne (*Misumena vatia*) können ihre Körperfarbe ändern. Durch die Verlagerung von gelben Farbpigmenten aus dem Darm zu den äußeren Bereichen des Körpers hin wird die Spinne gelb; verläuft der Pigmentfluss in die andere Richtung, wird die Spinne wieder weiß. Für eine vollständige Umfärbung benötigt das Tier etwa zwei Tage.

GROSSE ESSER

Krabbenspinnen können Beutetiere töten, die wesentlich größer sind als sie selbst. Diese *Synema globosum* hat gerade eine Honigbiene gefangen. Ihr Gift ist sehr wirksam und lähmt die Biene innerhalb von Sekunden. Auf diese Weise vermeidet die Spinne einen langen Kampf.

KRABBENSPINNEN

SECHS PUNKTE

Die seltene Krabbenspinne *Platythomisus sexmaculatus* besitzt eine sehr markante Zeichnung. Dabei könnte es sich um Warnfarben handeln, man weiß jedoch sehr wenig über diese Spinne. Bislang hat noch niemand ein Männchen dieser Art zu Gesicht bekommen. Das Weibchen, das hier vergrößert abgebildet ist, hat in Lebensgröße eine Länge von 15 Millimetern.

Mit acht kleinen Augen sieht diese Spinne recht gut.

Die beiden vorderen Beinpaare einer Krabbenspinne sind länger und stämmiger als die beiden hinteren.

ESSENSZEIT

Diese *Xysticus cristatus* frisst gerade eine Tanzfliege. Anders als viele Spinnen lagern die Krabbenspinnen keine Beute. Sie können immer nur ein Beutetier auf einmal bewältigen. Daher ist es Insekten möglich, sich gefahrlos in der Nähe einer Krabbenspinne aufzuhalten, die gerade frisst. Die Kieferklauen einer Krabbenspinne sind nicht mit Zähnchen ausgestattet und daher auch nicht zum Zerlegen der Beute geeignet. Stattdessen spritzt die Krabbenspinne ihren Opfern mithilfe ihrer Giftklauen Verdauungssäfte ein, die deren Inneres auflösen.

AUS DEM HINTERHALT

Diese Veränderliche Krabbenspinne (*Misumena vatia*) hat schon mehrere Tage lang auf dem Gänseblümchen gesessen. Während sie so auf der Lauer nach einem Insekt lag, hat sie sich kaum bewegt. Mithilfe ihrer beiden hinteren Beinpaare hat sie sich fest auf der Blüte verankert. Mit ihren beiden vorderen Beinpaaren hat sie dann die Biene wie mit einer Beißzange gepackt.

MÄNNCHEN UND WEIBCHEN

Die meisten Spinnen leben alleine und kommen nur zur Paarung mit anderen Artgenossen zusammen. Spinneweibchen unterscheiden sich von den Spinnenmännchen: Das Weibchen ist normalerweise größer gebaut als das Männchen, da es in seinem Körper viel Platz für die Eier braucht. Außerdem besitzt es besondere Spinndrüsen, mit denen es Seide für seine Eikokons herstellen kann. Normalerweise sind die Weibchen recht dunkel gefärbt; so sind sie zusammen mit ihren Jungen für Feinde nicht so leicht zu erkennen. Die Männchen kümmern sich nach der Paarung überhaupt nicht um die Weibchen oder ihre Nachkommen. Sie sind normalerweise kleiner und manchmal auch bunter gefärbt. Außerdem besitzen sie meistens zum Zweck der Partnerfindung längere Beine.

NETZ MIT SPERMA
Dieses Gartenkreuzspinnen-Männchen (*Araneus diadematus*) füllt erst seine Taster mit Samen, bevor es sich auf die Suche nach einem Weibchen macht. Dazu hat es ein kleines Netz gesponnen, auf das es etwas Samen abgesetzt hat. Der Samen wird von den Tasterspitzen aufgesaugt.

MÄNNLICHE MAHLZEIT?
Das bei der Schwarzen Witwe (*Latrodectus mactans*) viel größere weibliche Tier frisst manchmal nach der Paarung das Männchen auf. Gelegentlich tun dies auch Weibchen anderer Spinnenarten. Die gefährlichste Zeit für die Männchen ist jedoch die Periode kurz vor der Paarung. Falls ein Weibchen nicht paarungsbereit ist oder die Zeichen des Männchens nicht erkennt, frisst es das Männchen, noch bevor dies Gelegenheit dazu bekommt, sich zu paaren.

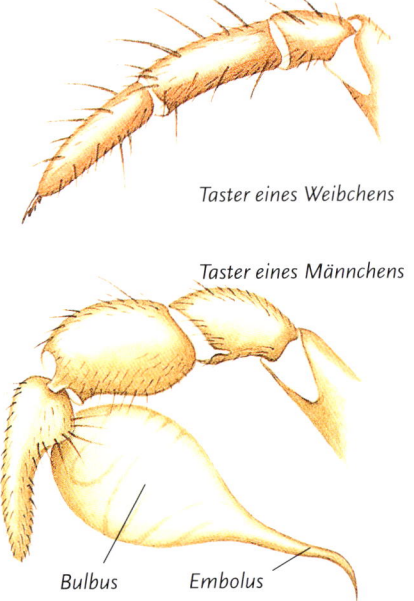

Taster eines Weibchens

Taster eines Männchens

Bulbus   *Embolus*

UNTERSCHIEDLICHE TASTER
Spinnenmännchen haben größere Taster als die Weibchen. An ihren Taster-Endgliedern befindet sich jeweils ein birnenförmiges Gebilde, das „Bulbus" genannt wird. In ihn wird über den so genannten Embolus das Sperma eingesaugt.

EIERTRÄGER

Dieses *Sosippus-mimus*-Weibchen spinnt gerade einen Seidenkokon für seine Eier. Die Anzahl der Eier, die ein Weibchen legen kann, hängt von seiner Körpergröße ab. Winzige Spinnen wie z. B. die *Atrophonysia intertidalis*, legen nur ein einziges Ei, während es bei großen Vertretern der Gattung *Nephila* 1000 und mehr Eier sein können. Der Hinterleib einer Spinne besitzt nur eine relativ dünne Außenhaut – daher kann er sich bei den Weibchen stark ausdehnen, wenn die Eier in ihm heranreifen.

FINDE DEN UNTERSCHIED!

Das Weibchen und das Männchen der Röhrenspinne *Eresus niger* zeigen sehr deutlich, wie sich Spinnenmännchen und -weibchen voneinander unterscheiden. Erwachsene Weibchen können über dreimal so groß werden wie die Männchen. Das Weibchen ist durch seine samtige, schwarzblaue Haut sehr gut getarnt, während das Männchen sehr auffällig wie ein Marienkäfer gefärbt und gezeichnet ist.

Eresus-niger-*Weibchen*
(Körperlänge bis höchstens 35 Millimeter)

Eresus-niger-*Männchen*
(Körperlänge bis höchstens 10 Millimeter)

Schon gewusst? *Nephila*-Weibchen können bis 1000 mal schwerer sein als *Nephila*-Männchen.

KLEIN UND GROSS

Ein winziges *Nephila-maculata*-Männchen paart sich gerade mit seinem vergleichsweise riesigen Weibchen. Männchen und Weibchen sehen so verschieden aus, dass man kaum glaubt, dass sie beide derselben Art angehören. Die geringe Körpergröße ist für das Männchen sehr nützlich: Sie verhindert, dass er vom Weibchen gefressen wird dessen Beutetiere sind nämlich normalerweise größer. Das Weibchen besitzt an seiner Bauchseite zwei Geschlechtsöffnungen, mit denen es Samen aus den Tastern des Männchens aufnimmt.

NAHAUFNAHME:

Spinnenweibchen locken Spinnenmännchen an, indem sie einen besonderen Duftstoff abgeben, den man als Pheromon bezeichnet. Jede Art besitzt ihren eigenen Sexuallockstoff; so ist dafür gesorgt, dass die Männchen auch die richtigen Weibchen finden. Ein Männchen muss es die richtigen Signale abgeben, damit ein Weibchen merkt, dass es sich bei ihm nicht um eine Mahlzeit handelt. Zu den Signalen des Liebeswerbens zählen besondere Tänze, Trommeln, Summen sowie eine bestimmte Art und Weise, am Netz des Weibchens zu zupfen. Manche Männchen lenken die Weibchen mit einem „Hochzeitsgeschenk" ab (z. B. einer toten Fliege), während andere die Weibchen mithilfe von Seidenfäden fesseln, bevor sie sich paaren.

LAUTES LIEBESWERBEN

Um eine Geschlechtspartnerin anzulocken, schlägt das Männchen der Sackspinnenart *Anyphaena accentuata* seinen Hinterleib gegen ein Blatt. Dadurch entsteht ein summendes Geräusch, das sogar für das menschliche Ohr hörbar ist. Manche Jagdspinnen-Männchen erzeugen Balzgeräusche, indem sie verschiedene Körperteile aneinander reiben.

ERFOLGREICHE PAARUNG

Bei den Labyrinthspinnen (*Agelena labyrinthica*) sind die Männchen fast so groß wie die Weibchen und können recht angriffslustig sein. Das Männchen teilt dem Weibchen seine Ankunft mit, indem es mit seinen Tastern dessen Trichternetz beklopft. Falls das Weibchen paarungsbereit ist, zieht es seine Beine an und lässt sich zusammenfallen, als ob es gelähmt wäre.

Das Männchen präsentiert dem Weibchen ein Geschenk.

HOCHZEITSGESCHENK

Ein Raubspinnen-Männchen der Art *Pisaura mirabilis* präsentiert einem Weibchen sein Hochzeitsgeschenk: ein Insekt. Es hat dieses Geschenk sorgfältig in einem Gespinst aus glänzender weißer Seide eingepackt. Sobald das Weibchen sein „Paket" angenommen hat und sich anschickt, es zu fressen, kann sich das Männchen gefahrlos mit ihm paaren.

DAS LIEBESWERBEN

BALZTANZ
Manche Spinnen tanzen miteinander, bevor sie sich paaren. Dieses Tarantel-Männchen (Gattung *Lycosa*) winkt mit seinen Tastern einem Weibchen, das in einiger Entfernung von ihm sitzt. Spinnenmännchen nehmen außerdem besondere Balzstellungen ein und setzen ihre langen, stämmigen Vorderbeine ein, um ihre Zeichengebung noch wirkungsvoller zu gestalten.

EIN RISKANTES GESCHÄFT
Für Kreuzspinnen-Männchen (Gattung *Araneus*) ist das Werben um die Weibchen oft mühsam und gefährlich. Normalerweise sind sie nämlich wesentlich kleiner und leichter als die Weibchen und müssen diese dazu bringen, sich zu ihnen auf einen besonderen Paarungsfaden zu begeben. Das Männchen spannt diesen Hochzeitsfaden seitlich vom Netz des Weibchens und versucht, die Holde zu sich zu locken, indem es dessen Fäden durchzwickt.

LIEBESLUST UND LIEBESLEID
Dieses Kürbisspinnen-Männchen (*Araniella cucurbitina*) hat beim Liebeswerben vier Beine eingebüßt. Als ihn das Weibchen angegriffen hat, ist es an einem seidenen Sicherheitsfaden geflüchtet. Sobald die Luft rein ist, wird es wieder nach oben klettern.

ZEBRASPRINGSPINNEN
Dieses Zebraspringspinnen-Pärchen (Gattung *Salticus*) ist paarungsbereit. Die Zebraspringspinnen-Männchen beeindrucken die Weibchen, indem sie herumwirbeln, im Kreis tanzen und mit ihren Beinen und Hinterleibern winken. Das Weibchen berührt das Männchen mit ihren ausgestreckten Beinen, wenn es paarungsbereit ist.

SPINNENEIER

Spinnenweibchen legen ihre Eier meist ein oder zwei Wochen nach der Paarung, obwohl einige Tiere auch mehrere Monate lang damit warten. Nicht alle Eier werden auf einmal gelegt: Viele Spinnen legen sie in mehreren Schwüngen, und zwar meistens nachts, wenn weniger Feinde unterwegs sind. Die Zahl der Eier, die ein Spinnenweibchen legt, bewegt sich zwischen 1 und 1000 Eiern. Die meisten Spinnen legen ihre Eier zusammen mit dem aufgespeicherten Samen des Männchens auf die scheibenförmige Grundplatte des Eikokons ab. Erst jetzt werden die Eier befruchtet. Die äußere Schicht der Eier wird dann langsam hart und die Weibchen spinnen den Eikokon um sie herum fertig, damit sie gut geschützt sind.

GUT VERKLEIDET

Um ihre Eier vor hungrigen Räubern zu verstecken, tarnen die Spinnenweibchen ihre Eikokons mit Pflanzenteilchen, Körperteilen von toten Insekten, Erdkrümeln oder Sand. Diese Kreuzspinne der Gattung *Arachnura* hängt ihre braunen Eikokons wie Müllsäcke an einem einzigen langen Faden auf; den Abschluss bildet unten ein totes Blatt. Andere Spinnenarten verstecken ihre Eikokons unter Steinen oder Rinde.

ANANSE, DER SPINNENMANN

Ananse ist eine Heldenfigur in vielen westafrikanischen und karibischen Volkssagen. Er ist sowohl Spinne als auch Mensch. Normalerweise ist er ein Mensch, in Zeiten der Gefahr verwandelt er sich allerdings in eine Spinne.

Ananse trickst gerne andere Tiere aus und übervorteilt gerne jene, die größer sind als er. Manchmal ist er gierig und selbstsüchtig, aber er kann auch sehr lustig sein. Er gilt als Held, weil er den Menschen die Erzählkunst nahe gebracht hat.

DAS SPINNEN DES EIKOKONS

Diese *Nephila edulis* spinnt gerade ihren Eikokon. Dazu verwendet sie eine besonders widerstandsfähige, gedrehte Seide, die viel Luft bindet und so dazu beiträgt, dass die Eier nicht austrocknen. Die Eier sind von einer klebrigen, zähen Flüssigkeit bedeckt, die sie an der Seide festkleben lassen. Die letzte schützende Seidenlage ist anfangs noch gelb, wird aber bald grün und tarnt so den Kokon.

DÜRFTIGER KOKON

Diese Zitterspinne der Gattung *Pholcus* schnürt ihre Eipakete beinahe ohne Seide. Nur ein paar einzelne Fäden halten die Eier lose zusammen. Die Herstellung eines großen Eikokons erfordert viel Energie, daher sind die Hinterleiber der Weibchen, die solche Kokons herstellen, oftmals ganz faltig und zusammengeschrumpelt. Die Zitterspinne trägt ihr Eipaket mithilfe ihrer Kieferklauen mit sich herum. Bis die Jungspinnen ausgeschlüpft sind, kann sie keine Nahrung aufnehmen.

NEST AUS SEIDE

Die Sechsaugenspinne der Art *Dysdera crocata* legt ihre Eier in einem Seidengespinst ab, das im Erdboden verborgen ist. Die Spinne selbst lebt auch in diesem Wohngespinst; dort ist sie sicherer vor Feinden. Nachts kommt die Sechsaugenspinne an die Oberfläche, um Jagd auf Asseln zu machen.

FÜRSORGLICHE MUTTER

Eine grüne Luchsspinne der Gattung *Peucetia* beschützt ihren Eikokon auf einem Kaktus. Sie befestigt den Kokon mit Spinnfäden wie mit Zeltspannschnüren auf ihm und vertreibt alle Feinde. Falls erforderlich, kappt sie die Seidenfäden und lässt sich samt Kokon an einem einzelnen Faden nach unten fallen. Wenn sie den Kokon an einen sichereren Ort bringen möchte, schleppt sie ihn an Seidenfäden hinter sich her.

STÄNDIGER WACHDIENST

Viele Spinnenweibchen tragen ihre Eier mit sich herum. Bei dieser rostfarbenen Wanderspinne der Art *Cupiennius getazi* ist das Eipaket an den Spinnwarzen befestigt. Spinnen, die ihre Eier herumtragen, tauchen diese oft zum Anfeuchten in Wasser und legen sie in die Sonne, damit sie sich schneller entwickeln.

Schon gewusst? Ein Kreuzspinnen-Weibchen kann in weniger als 10 Minuten über 1000 Eier legen.

SPINNENBABYS

Die meisten Jungspinnen schlüpfen ein paar Tage oder Wochen nach der Eiablage. Die Spinnenbabys – Fachleute sprechen auch von „Spiderlingen" – haben normalerweise nach dem Schlüpfen noch keine Haare, Stacheln oder Klauen und sind farblos. Sie ernähren sich von Eidotter, das in ihren Körpern gespeichert ist, und entwickeln sich schnell. Nach kurzer Zeit werfen sie zum ersten Mal ihre Haut ab. Diesen Vorgang nennt man Häutung. Jungspinnen müssen sich beim Erwachsenwerden mehrmals häuten. Nach der ersten Häutung sehen Jungspinnen wie kleine Ausgaben ihrer Eltern aus. Die meisten Jungspinnen sind vom Schlüpfen an auf sich selbst gestellt. Einige Spinnenmütter bewachen und füttern ihre Jungen jedoch, bis diese das Nest verlassen. Die Spinnenmännchen kümmern sich überhaupt nicht um den Nachwuchs.

DAS AUSSCHLÜPFEN
Diese Spinnenbabys kriechen gerade aus ihrem Eikokon. Manche Spinnen besitzen einen Eizahn, der ihnen dabei hilft, sich aus dem Ei zu befreien. Auch die Mutterspinnen unterstützen sie manchmal beim Schlüpfen. Alle Spinnenbabys sehen sich sehr ähnlich, auch wenn sie ganz unterschiedlichen Arten angehören.

KINDERSTUBE
Raubspinnen-Weibchen der Art *Pisaura mirabilis* bauen kurz vor dem Schlüpfen der Jungtiere ein Zelt aus Seide für ihre Eipakete. Die Spinnenmutter sitzt über dem Zelt und bewacht die Eier und die geschlüpften Jungtiere ungefähr eine Woche lang. Die Spinnenbabys häuten sich einmal und verlassen dann nach und nach alle ihre „Kinderstube".

Die Raubspinne Pisaura mirabilis *bewacht das Nest.*

Zelt aus Seide

Eipaket

EINE TRAUBE VOLLER SPINNEN
Junge Kreuzspinnen (Gattung *Araneus*) bleiben nach dem Schlüpfen noch einige Tage lang zusammen. Dabei hängen sie sich wie Trauben aneinander. Wenn Gefahr droht, stieben die Jungspinnen auseinander. Kurz darauf finden sie sich wieder in Trauben zusammen.

KÖRPER DER SPINNENBABYS

Ein Krabbenspinnen-Weibchen bewacht ihre Jungen, die gerade schlüpfen. Spinneneier enthalten viel Dotter, der einen reichhaltigen Energievorrat für die Spinnenbabys darstellt. Die Babys sind beim Schlüpfen schon sehr weit entwickelt: Sie haben bereits die gleiche Körperform und Anzahl von Beinen wie erwachsene Tiere. Spinnenbabys können jedoch keine Seide und auch kein Gift herstellen, bevor sie sich nicht das erste Mal gehäutet haben.

Die Spinnenbabys lassen sich ungefähr eine Woche lang auf dem Rücken der Mutter herumtragen; dabei halten sie sich an speziellen Haaren fest.

BABYTRANSPORT

Wolfsspinnen der Gattung *Pardosa* heften ihr Eipaket an ihren Spinnwarzen fest und tragen es mit sich herum. Kurz vor dem Schlüpfen nimmt die Spinnenmutter den Eikokon ab und beißt ihn auf. Sofort quellen die Spinnenbabys hervor und krabbeln auf ihren Rücken. Kinder, die herunterfallen, können wieder auf die Mutter zurückfinden, indem sie den Seidenfäden folgen, die diese hinter sich herzieht.

Pardosa amentata

Die Flugfäden werden als Sommerfäden bezeichnet.

Schon gewusst? *Viele Jungspinnen ernähren sich vom Körper ihrer eigenen Mutter.*

FRESSEN VON DER MUTTER

Die Kugelspinne *Theridion sisyphum* füttert ihre Jungen mit einem Nahrungsbrei, den sie aus ihrem Magen hochwürgt. Er ist sehr nahrhaft und besteht aus verdauten Insekten und Zellen ihrer Darminnenwand. Wenn sie um Futter betteln, strampeln die kleinen Spinnen mit ihren Beinchen.

BALLONFAHRT

Viele Jungspinnen „gehen in die Luft", um einen neuen Lebensraum zu besiedeln oder um nicht von ihren Brüdern und Schwestern aufgefressen zu werden. An warmen Tagen ziehen sie Seidenfäden aus ihren Spinnwarzen und lassen sich durch die Luft tragen – fast so wie Ballonfahrer.

DIE HÄUTUNG

Spinnen wachsen nicht allmählich wie wir Menschen – sie entwickeln sich vielmehr schrittweise. Bei jedem Schritt wächst der Spinne ein neues Außenskelett unter dem alten, bis sie sich schließlich häutet. Bei der Häutung wirft die Spinne das alte Außenskelett ab. Verlorene oder beschädigte Beine und andere Körperteile können bei einer solchen Häutung ersetzt werden. Kleine Spinnen häuten sich innerhalb weniger Stunden, größere Tiere brauchen dazu manchmal mehrere Tage. Bis eine Spinne voll ausgewachsen ist, häutet sie sich fünf- bis zehnmal. Manche Spinnen häuten sich auch als erwachsene Tiere weiter.

FARBWECHSEL
Erwachsene Spinnen sind kurz nach der Häutung recht blass; erst nach einigen Tagen stellt sich ihre normale Färbung wieder ein. Die Giftklauen dieser Vogelspinne, die sich gerade gehäutet hat, sind noch farblos.

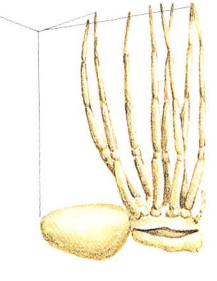

1. Im Rückenschild entsteht der erste Riss.

2. Der Riss verlängert sich bis zum Hinterleib.

3. Die Spinne hebt ihren Körper vorsichtig aus der alten Haut heraus.

4. Die Spinne dehnt ihren Körper, um ihn an ihre neue Außenhaut anzupassen.

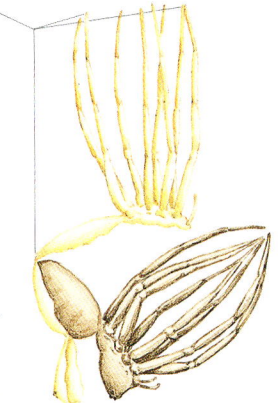

DIE PHASEN DER HÄUTUNG
Diese Zeichnung zeigt die Phasen des Häutungsvorganges bei den Spinnen. Die Häutung ist ein gefährliches Unterfangen: Die Spinnen können sich dabei Beine brechen, vor allem aber sind sie Feinden schutzlos ausgeliefert.

DIE ALTE HAUT
Das ist die alte Haut einer Listspinne (Gattung *Dolomedes*). Oben im Bild sieht man den Rückenschild. Die Löcher unten im Bild zeigen, wo die Beine der Spinne in der alte Haut steckten.

EINE NEUE HAUT — WIE OFT?

Diese junge Kugelspinne der Art *Enoplognatha ovata* befindet sich gerade mitten in der Häutung. Dazu hat sie sich unter einem Blatt versteckt, wo sie von Feinden nicht gesehen werden kann. Erst nach der letzten Häutung nimmt eine Spinne die endgültige Färbung des erwachsenen Tieres an. Die meisten Spinnen häuten sich nicht mehr, sobald sie erwachsen geworden sind. Spinnen kleinerer Arten benötigen weniger Häutungen, um die Größe des erwachsenen Tieres zu erreichen. Männchen machen weniger Häutungen durch als Weibchen, da sie auch als erwachsene Tiere kleiner sind.

DER HÄUTUNGSVORGANG

Eine Vogelspinne befreit sich aus ihrer alten Haut. Kurz bevor sich eine Spinne häutet, frisst sie nichts mehr und legt eine Ruhepause ein. Während dieser Zeit bildet sich eine neue faltige Außenhaut unter der alten. Dann pumpt die Spinne Blut in ihren Vorderleib. Er schwillt dadurch an und bringt die alte Haut, die jetzt sehr dünn geworden ist, zum Reißen.

Schon gewusst? Spinnen können bei der Häutung neue Taster, Giftklauen und Spinnwarzen wachsen.

DIE NEUE HAUT

Diese Chilenische Rothaar-Vogelspinne (*Grammostola cala*) hat sich erst vor kurzem gehäutet. Ihre neue Haut leuchtet hell und kräftig. Sie wirkt außerdem sehr pelzig – das kommt daher, dass beschädigte und ausgegangene Haare ersetzt wurden. Sobald sich eine Spinne aus ihrer alten Haut befreit hat, beugt sie alle ihre Laufbeine. Auf diese Weise bleiben die Gelenke geschmeidig. Das neue Außenskelett trocknet währenddessen und verhärtet sich. Die Haut des Hinterleibs bleibt jedoch weich, damit dieser sich dehnen kann, wenn die Spinne Nahrung aufnimmt oder bei den Weibchen die Eier heranreifen.

SPINNEN SIND ÜBERALL

Von Berggipfeln, Höhlen und Wüsten bis hin zu Wäldern, Sümpfen und Grasland – es gibt nur wenige Orte auf der Erde, wo es keine Spinnen gibt. Sogar einsame Inseln werden von Spinnen bewohnt; möglicherweise wurden sie vom Wind dorthin getragen oder auf Treibholz angespült. Viele Spinnen fühlen sich auch in unseren Behausungen wohl und manche reisen auf Frachtschiffen um die ganze Welt. Zahlreiche Spinnen leben in der Kanalisation; dort gibt es Unmengen von Fliegen, die sie fressen können. Spinnen leben allerdings selten im oder am Wasser, da sie unter Wasser nicht atmen können. Um in kalten Gebieten den Winter zu überleben, bleiben Jungspinnen in ihren Eiern, während sich ältere Tiere unter Gras, Steinen und Rinde verstecken oder miteinander Nester bilden. Einige besitzen sogar eine Art Kälteschutzmittel, das verhindert, dass ihre Körper bei Kälte einfrieren.

HECKENNETZE
Auf Büschen, Sträuchern und Hecken findet man in Europa und Asien häufig die Baldachinspinne (*Linyphia triangularis*). Eine einzige Hecke ist oft von Tausenden ihrer Deckennetze und kreuz und quer verlaufenden Fäden bedeckt.

Schon gewusst? Manche Spinnen leben in den Netzen fremder Arten und stehlen deren Nahrung.

SPINNE IM SPÜLBECKEN
Bei den Spinnen, auf die man manchmal im Spülbecken oder in der Badwanne stößt, handelt es sich meist um Vertreter der Gattung Winkelspinnen (*Tegenaria*), die bei der Suche nach einem Geschlechtspartner dort hinein gefallen sind. Sie kommen an den glatten Seitenwänden nicht mehr hoch, da sie keine Greifpolster aus Haaren an den Füßen haben.

HÖHLENSPINNE

Die Herbstspinne *Meta menardi* baut ihr Netz fast ausschließlich an sehr dunklen Stellen und unter Dächern. Sie ist in Europa, Asien und Nordamerika heimisch und lebt in Höhlen, Minen, hohlen Baumstämmen, Eisenbahntunneln, Kanälen, Brunnen und Zimmerecken.

WÜSTENSPINNE

Wassermangel stellt für Wüstenspinnen wie diese *Leucorhestris arenicola* das größte Problem dar. Sie schützt sich vor der großen Hitze, indem sie sich in einer Höhle im Sand verkriecht. Wüstenspinnen halten sehr viel Abstand zu ihren Artgenossen, damit sie nicht um ihre Nahrung miteinander in Konkurrenz treten müssen.

KÜSTENSPINNE

Diese Wolfsspinne der Art *Arctosa littoralis*, die an der Küste lebt, ist auf dem Sand gut getarnt. Sie bewohnt einen sehr schwierigen Lebensraum: Ständig schlagen Wellen auf den Strand und wirbeln den Sand auf, es gibt kaum Süßwasser und die Sonne lässt alles rasch vertrocknen. Außerdem gibt es wenig Nahrung, obwohl sich Insekten am Rande der Küste auf Seetang, Steinen und Pflanzen finden.

REGENWALDSPINNE

Die größte Vielfalt an Spinnen herrscht in den tropischen Regenwäldern. Dort ist das Klima das ganze Jahr über warm und es gibt Nahrung im Überfluss. Diese Jagdspinne der Art *Pandercetes plumipes* ist auf einem flechtenbedeckten Baumstamm sehr gut getarnt. Um sich zu verstecken, drückt sie sich einfach flach gegen den Baum. Sie ist hauptsächlich in Malaysia verbreitet, wo sie sowohl in Gärten als auch im Regenwald anzutreffen ist.

NAHAUFNAHME.

Im offenen Meer gibt es keine Spinnen, aber es gibt ein paar Spinnen, die im und in der Nähe von Süßwasser jagen. Wenn sie sich bedroht fühlen, tauchen sie unter, indem sie sich an Pflanzen hinunterziehen. Nur eine einzige Spinne, die Wasserspinne (*Argyroneta aquatica*), verbringt ihr ganzes Leben unter dem Wasser. Sie ist in Europa und Asien verbreitet und lebt in Teichen, Seen und langsam fließenden Gewässern. Sie bezieht ihren Sauerstoff aus einer Luftblase, in der sie lebt und die man als „Taucherglocke" bezeichnet. Da ihr Körper sehr langsam arbeitet und wenig Energie verbrennt, ist sie nicht auf eine regelmäßige Versorgung mit Nahrung angewiesen. Um Beute zu fangen, streckt die Wasserspinne ihre Beine aus ihrer Taucherglocke heraus und nimmt mit ihnen die Erschütterungen wahr, die mögliche Opfer im Wasser erzeugen.

NAHRUNG AUS DEM WASSER

Diese Listspinne (*Dolomedes fimbriatus*) hat einen wunderschönen roten Frosch gefangen. Listspinnen fressen auch Kaulquappen, kleine Fische und Insekten. Ihr Gift lähmt die Beutetiere sehr rasch, sodass diese kaum eine Chance haben zu entkommen.

ANGELN NACH NAHRUNG

Listspinnen sitzen auf Blättern oder Ästchen, die im Wasser schwimmen, und legen ihre Vorderbeine auf der Wasseroberfläche auf. Über Tasthaare an den Vorderbeinen nehmen sie die kleinsten Wellen wahr. Aus der Richtung, aus der diese kommen, sowie den Abständen zwischen ihnen können sie dann die Position eines Beutetieres ganz genau ausmachen. Kleine Wellen, die von Ästchen oder Blättern erzeugt werden, irritieren die Spinnen oft.

WASSERSPINNEN

ESSTISCH

Spinnen, die in und am Wasser jagen, können ihre Beute nicht im Wasser verzehren, da dies ihre Verdauungssäfte verdünnen würde. Wasserspinnen fressen daher in ihrer Taucherglocke, während Listspinnen ihre Mahlzeiten am Ufer oder auf Gegenständen einnehmen, die im Wasser treiben. Diese Listspinne frisst gerade einen Stichling auf einem moosbewachsenen Ufer. Der Schwanz des Fisches ist dabei in die klebrigen Fangarme eines Sonnentaus, einer fleischfressenden Pflanze, geraten.

1. Um sich eine Taucherglocke einzurichten, webt die Wasserspinne zwischen mehreren Wasserpflanzen ein dichtes Deckennetz. Dann steigt sie an die Oberfläche, um eine Luftblase aufzunehmen und diese mit sich nach unten zu ihrem Netz zu ziehen.

2. Unten angelangt, lässt die Spinne die Luftblase los. Sie steigt hoch und bleibt unter dem Deckennetz hängen. Um die Taucherglocke groß genug zu machen, muss die Spinne bis zu sechsmal an die Oberfläche steigen und wieder zum Netz hinuntertauchen.

3. Sobald die Glocke fertig ist, frisst und paart sich die Spinne in ihr und legt auch ihre Eier in ihr ab. Dieses Wasserspinnen-Männchen besucht gerade ein Weibchen. Sie verlässt ihre Glocke nur, um frische Luft herbeizuschaffen oder um auf die Jagd zu gehen.

SPINNENFAMILIEN

Wissenschaftler haben die 35 000 bekannten Spinnenarten der Ordnung Echte Spinnen in 4 Gruppen eingeteilt. Sie heißen: Mesothelen (*Mesothelae*), Orthognathen (*Orthognatha* bzw. Vogelspinnen im weiteren Sinn), Labidognathen (*Labidognatha*) und Cribellaten (*Cribellata*). Die meisten Spinnen gehören der Unterordnung der Labidognathen an; zu ihnen zählen all diejenigen, deren Kieferklauen sich waagerecht gegeneinander bewegen. Die 4 Unterordnungen sind weiter unterteilt in ungefähr 30 bis 40 Familien. Die Zuordnung der Spinnenarten zu den Familien erfolgt aufgrund von Merkmalen wie der Anordnung der Augen, der Art der Spinndrüsen oder der Zahl der Krallen an den Füßen. Einige der größten sowie ein paar sehr seltene Familien werden auf diesen beiden Seiten vorgestellt.

Gliederspinne der Art Liphistius desultor

FAMILIE DER GLIEDERSPINNEN

Die Gliederspinnen (*Liphistiidae*, Unterordnung Mesothelen) sind sehr seltene Spinnen, die hauptsächlich in Südostasien und Japan verbreitet sind. Zu dieser Familie werden nur ca. 20 Arten gerechnet. Sie leben in Erdröhren, die von einer Falltür abgeschlossen werden. Diese sehr altertümlichen Spinnen haben gebänderte Hinterleiber; so sahen wohl die Spinnen aus, die vor Millionen von Jahren lebten.

Baldachinspinne der Art Linyphia montana

BALDACHINSPINNEN

Die Familie der Baldachinspinnen (*Linyphiidae*) stellt mit ca. 3700 Arten die zweitgrößte Spinnenfamilie dar. Baldachinspinnen sind normalerweise sehr klein und die bei weitem häufigsten Spinnen der kühleren, gemäßigteren Zonen der Erde. Sie bauen Deckennetze, an deren Unterseite sie kopfüber hängen.

RADNETZSPINNEN

Die größte Familie der Überfamilie Echte Netzspinnen ist die der Radnetzspinnen (*Araneidae*) mit ungefähr 2600 Arten. Ein typischer Vertreter ist diese Spinne der Gattung *Argiope*. Sie hat einen gedrungenen Körper und ihr Hinterleib ist rundlich. Die Kreuzspinnen zählen ebenfalls zu dieser Familie.

JAGDSPINNEN

Der Familie der Jagdspinnen (*Sparassidae*, auch *Eusparassidae* oder *Heteropodidae* genannt) gehören ungefähr 1000 Arten an. Die meisten von ihnen leben in tropischen Gebieten, wo sie manchmal auch als Riesenkrabbenspinnen bezeichnet werden. Die Vertreter der Gattung *Isopeda*, die in Australien leben, zählen mit zu den größten Jagdspinnen – sie erreichen eine Körperlänge von über 30 Millimeter. Ab und an stößt man in Bananenkisten auf solche Tiere.

In Australien beheimatete Jagdspinne der Gattung Isopeda

KLASSIFIKATIONSTABELLE

Reich	Tiere (Animalia – alle Tiere)
Stamm	Gliederfüßer (Arthropoda – Tiere, die ein Außenskelett und gegliederte Beine haben)
Klasse	Spinnentiere (Arachnida – Gliederfüßer mit acht Beinen)
Ordnung	Echte Spinnen (Araneae)
Unterordnung	Labidognathen (Labidognatha)
Familie	Kugelspinnen (Theridiidae)
Gattung	Latrodectus
Art	Schwarze Witwe (Latrodectus mactans)

SPINNENNAMEN

Die Zoologen geben allen Spinnenarten einen lateinischen Namen und ordnen sie nach einem bestimmten System. Diese Tabelle zeigt, wie die Schwarze Witwe in der systematischen Klassifikation des Tierreiches eingeordnet wird. Nur wenige Spinnen haben Populärnamen und diese unterscheiden sich auch noch von Sprache zu Sprache. Der wissenschaftliche lateinische Name wird jedoch überall auf der Welt einheitlich verwendet.

Schon gewusst? Die ersten Spinnen gab es auf der Erde schon vor ungefähr 400 Millionen Jahren.

Eine Springspinne der Gattung Acragus

SPRINGSPINNEN

Die größte Spinnenfamilie der Welt ist mit über 4000 Arten die der Springspinnen (*Salticidae*). Diese kleinen tagaktiven Räuber besitzen große Hauptaugen und ein bewundernswertes Vermögen, sich erst an ihre Beute anzuschleichen und sich dann auf sie zu stürzen. Springspinnen leben hauptsächlich in tropischen Gebieten.

KRABBENSPINNEN

Eine weitere große Familie stellt die der Krabbenspinnen (*Thomisidae*) dar, die ca. 3000 Arten zählt. Krabbenspinnen gibt es auf der ganzen Welt. Sie bauen normalerweise keine Netze, sondern sitzen auf Blüten oder Blättern und lauern dort ihrer Beute auf. Sie verlassen sich dabei auf ihre gute Tarnung, die sie für Feinde unsichtbar werden lässt.

VERWANDTE DER SPINNEN

Spinnen gehören zu einer großen Gruppe von Tieren, die man als Gliederfüßer (*Arthropoden*) bezeichnet, da ihre Beine mehrfach gegliedert sind. Zu den Gliederfüßern zählen z. B. Krabben, Garnelen, Asseln, Hundertfüßer und Insekten. Spinnen gehören zu der Gruppe von achtbeinigen Gliederfüßern, die man als Spinnentiere (*Arachnida*) bezeichnet. Zu ihnen zählen unter anderem auch Skorpione, Milben, Zecken und Weberknechte. Die Echten Spinnen unterscheiden sich von den anderen Spinnentieren hauptsächlich durch ihre Spinndrüsen im Hinterleib. Die Echten Spinnen sind auch die einzigen Spinnentiere, die Gift mit ihren Fängen einspritzen. Die Skorpione besitzen dagegen einen Giftstachel am Ende ihres Hinterleibes, der eine Art Schwanz bildet.

WALZENSPINNEN

Dieser Skorpion kämpft gerade mit einer Walzenspinne. Früher glaubte man, dass Walzenspinnen Kamele töten können, aber sie sind nicht einmal giftig. Sie besitzen große, kräftige Kieferklauen und können sehr schnell laufen. Normalerweise leben sie an trockenen Orten und ernähren sich von Insekten. Walzenspinnen stellen innerhalb der Spinnentiere eine eigene Ordnung dar.

Mithilfe ihrer großen Scheren packen, zerdrücken und zerkleinern Skorpione ihre Beute.

Der Stachel dient zum Überwältigen von Beutetieren und zur Verteidigung.

SKORPIONE

Skorpione sind viel größer als die meisten Spinnen. Am Vorderkörper besitzen sie große Taster, die an den Enden mit Greifscheren ausgestattet sind. Am Ende ihres Hinterleibes sitzt ein Giftstachel. Der Stich einiger Skorpionarten kann auch beim Menschen zum Tode führen, obwohl Skorpione nicht angriffslustig sind und ihren Stachel hauptsächlich zur Verteidigung einsetzen.

Das Außenskelett ist eine Art zäher, ledriger Panzer.

Feine Borsten auf den Beinen nehmen Erschütterungen wahr.

GEISSELSPINNEN

Die Geißelspinnen, zu der auch dieses Exemplar der Art *Damon variegatus* zählt, sind vermutlich die engsten Verwandten der Echten Spinnen. Die Beine des ersten Beinpaares sind sehr lang und ähneln Peitschen oder Geißeln (daher der Name). Sie werden jedoch nicht zum Laufen verwenden, sondern zur Wahrnehmung von Beutetieren. Anders als bei den Spinnen ist bei den Geißelspinnen der Hinterleib in Abschnitte gegliedert.

SAMTMILBEN

Diese winzigen Verwandten der Spinnen haben keinen zweigeteilten Körper. Viele Milben ernähren sich von Pflanzen und sind gefährliche Schädlinge. Wieder andere sind Parasiten, die auf Wirtstieren schmarotzen, die wesentlich größer sind als sie selbst.

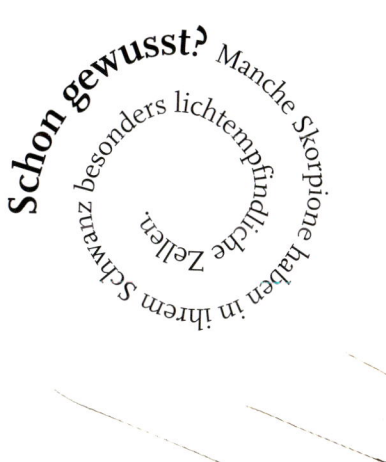

Schon gewusst? Manche Skorpione haben in ihrem Schwanz besonders lichtempfindliche Zellen.

SEESPINNEN

Seespinnen haben mit den Echten Spinnen überhaupt nichts zu tun. Früher ordnete man sie den Spinnentieren zu, heute zählt man ihre Gattung jedoch zur Familie der Dreieckskrabben. Seespinnen sind sehr klein und besitzen vier, fünf oder sechs Paar Beine, die lang und spindeldürr sind. Manche von ihnen leben in den eiskalten Gewässern rund um die Antarktis. Das hier abgebildete Exemplar stammt aus Tasmanien.

WEBERKNECHTE

Weberknechte sind zum Aufspüren und Fangen ihrer Beute auf ihre langen Beine angewiesen, da sie weder Seide spinnen können noch über Gift verfügen. Die Körper der Weberknechte sind nicht gegliedert, und sie haben auch nur zwei Augen, die auf einem Stiel sitzen, der in der Mitte des Körpers entspringt. Um sich gegen Feinde zu verteidigen, sondern Weberknechte einen unangenehmen Geruch ab.

SPINNE UND MENSCH

Viele Menschen haben Angst vor Spinnen. Mit ihren langen Beinen, ihren haarigen Körpern und ihrer Angewohnheit, sich bevorzugt in dunklen Ecken aufzuhalten, haben sie sich nicht gerade beliebt gemacht. Dabei sind sie wirklich faszinierende Tiere. Nur wenige Spinnenarten können dem Menschen gefährlich werden, und dank besonderer Medikamente erholen sich Personen schnell wieder vom tödlichen Giftbiss einer gefährlichen Spinne. Viele Spinnen sind sehr nützlich: Sie tragen dazu bei, dass sich Schädlingsinsekten auf Feldern und in Gärten, aber auch in unseren Häusern, nicht unkontrolliert vermehren. In den meisten Ländern bringt es Unglück, wenn man eine Spinne tötet; trotzdem ist der Mensch der schlimmste Feind der Spinnen. Wir zerstören ihre Lebensräume und dezimieren sie in der freien Wildbahn, indem wir sie in großer Zahl einfangen und als exotische Streicheltiere verkaufen.

SPINNENANGST

Dieser Mann hat offensichtlich keine Angst vor Spinnen. Die meisten Menschen könnten es nicht ertragen, wenn ihnen eine Spinne über das Gesicht krabbelt. Manche Fachleute sind der Ansicht, dass uns die Angst vor Spinnen angeboren ist. Der Grund dafür könnte sein, dass in grauer Vorzeit einige Spinnen unseren Vorfahren, die noch viel enger mit der Natur verbunden waren, gefährlich werden konnten.

Fischgrätenmuster auf dem Hinterleib

Lange, borstenbesetzte Beine

Gemeine Hausspinne (Tegenaria domestica)

Schon gewusst? Spinnen können zwischen drei Monaten und dreißig Jahren alt werden.

HAUSSPINNEN

In den kühleren gemäßigten Zonen der Erde zählen die Vertreter der Gattung Winkelspinnen (*Tegenaria*) zu den häufigsten Spinnen. Die Gemeine Hausspinne (*Tegenaria domestica*) hinterlässt in Zimmerecken und an Fenstern staubige Deckennetze, die man als Spinnweben bezeichnet. Ein Gewirr aus Stolperfäden, die über dem Netz verlaufen, bringt Ohrwürmer, Fliegen und andere Hausschädlinge zur Strecke. Hausspinnen bringen oft viele Jahre in der geschützten Umgebung unserer Häuser zu.

LEBENSRÄUME IN GEFAHR

Der Mensch zerstört und verschmutzt die Lebensräume von Spinnen und vielen anderen Tieren. Die Abholzung der Regenwälder, wie z. B. hier im südamerikanischen Staat Paraguay, hat besonders verheerende Auswirkungen. In den Regenwäldern herrscht nämlich eine große Vielfalt von Spinnenarten, darunter auch viele noch unbekannte Arten, die von Wissenschaftlern noch nicht erforscht wurden.

SPINNEN IN DER MEDIZINISCHEN FORSCHUNG

Dieser Schamane (Medizinmann), der im südamerikanischen Staat Venezuela lebt, verwendet bei einer seiner Zeremonien eine Vogelspinnen-Maske. In Europa und Amerika hat man in der Vergangenheit Spinnen zur Malaria- und Pestbekämpfung sowie zur Behandlung von Zahn- und Kopfschmerzen eingesetzt. Gelegentlich hängte man sich Spinnen in einem Beutel um den Hals oder aß sie sogar.

LITTLE MISS MUFFETT

Miss Muffett ist die Hauptfigur eines englischen Kinderreims. Sie hat ein Mädchen zum Vorbild, das es wirklich gegeben hat. Als das Mädchen einmal krank war, zwang es ihr Vater, als Arznei ein Pulver aus zermahlenen Spinnen zu essen. Fortan hatte das Kind furchtbare Angst vor Spinnen. Die Angst vor Spinnen wird von Wissenschaftlern „Arachnophobie" genannt.

Eresus niger

SELTENE SPINNEN

Weltweit werden etwa 20 Spinnenarten auf der Liste der vom Aussterben bedrohten Arten geführt. Eine von ihnen ist die rechts abgebildete Röhrenspinne *Eresus niger*. Vermutlich sind jedoch Hunderte, wenn nicht Tausende von Arten, die wir noch gar nicht kennen, gefährdet. Spinnen sind auf unseren Schutz angewiesen. Die Mexikanische Rotbein-Vogelspinne (*Brachypelma smithi*) z.B. ist in freier Wildbahn bereits selten geworden, da zu viele Exemplare von ihr für den Tierhandel eingefangen worden sind.

61

GLOSSAR

A

ABDOMEN
Der hintere Abschnitt des zweigeteilten Körpers der Spinnen.

AUSSENSKELETT
Die harte äußere Schale einer Spinne, die ihrem Körper Halt und Festigkeit verleiht und ihn vor Verletzungen schützt.

B

BECHERHAARE
Besondere Sinneshaare auf den Tastern und Beinen der Spinnen. Diese Haare sitzen in einer becherartigen Vertiefung und nehmen hauchfeine Luftbewegungen wahr.

BEFRUCHTUNG
Vorgang, bei dem eine männliche Samenzelle und eine weibliche Eizelle miteinander verschmelzen.

BUCHLUNGE
Organ im Körper der Spinne, mit dem sie den Sauerstoff aufnimmt. Die meisten Spinnen besitzen zwei Buchlungen, die in ihrem Hinterleib untergebracht sind.

C

CEPHALOTHORAX
Der vordere Abschnitt des zweigeteilten Körpers der Spinnen, der aus dem Kopf und der Brust besteht und daher auch als Kopfbrust bezeichnet wird.

E

EIKOKON
Überzug oder Behälter aus Spinnseide, mit dem Spinnen ihre Eier schützen.

EMBOLUS
Gebilde, das bei den Spinnenmännchen jeweils an der Tasterspitze sitzt und zur Übertragung seines Spermas in den Körper des Weibchens dient.

G

GIFT
Giftige Flüssigkeit, die fast alle Spinnen herstellen und zum Töten ihrer Beute einsetzen.

GIFTKLAUE (FANG)
Der zahnartige, spitze Teil der Kieferklaue. Das Gift tritt durch eine kleine Öffnung an der Spitze aus.

H

HÄUTUNG
Das regelmäßige Abstoßen und Erneuern der äußeren Hautschicht.

I

INSEKT
Kleines Tier, dessen Körper dreigeteilt ist und das 6 Beine und normalerweise ein oder zwei Paar Flügel besitzt.

K

KIEFERKLAUEN
Mundgliedmaßen der Spinne, die jeweils aus zwei Teilen bestehen – einem großen Grundglied und einer Giftklaue.

KOPF
Der Teil des Spinnenkörpers, der die Augen trägt. Er ist mit der Brust zur Kopfbrust (Cephalothorax) verwachsen; der Übergang zwischen Kopf und Brust ist jedoch noch an einer Art Kerbe zu erkennen.

KRABBENSPINNEN
Spinnenfamilie, deren Angehörige Ähnlichkeit mit Krabben haben. Krabbenspinnen bauen normalerweise keine Netze, sondern lauern ihren Beutetieren auf.

KRÄUSELFADEN-RADNETZ-SPINNEN
Spinnenfamilie, deren Mitglieder hauptsächlich in tropischen und subtropischen Gebieten leben, stark behaarte Beine haben und die einzigen Spinnen sind, die nicht über Gift verfügen. Sie bauen außerdem Radnetze und erzeugen mit ihrem Spinnsieb watteartige Cribellumseide.

L

LUCHSSPINNEN
Spinnenfamilie, deren Angehörige vornehmlich auf Pflanzen auf die Jagd gehen. Ihre Hinterleiber laufen spitz zu und sie besitzen dünne Beine und ziemlich große Au-

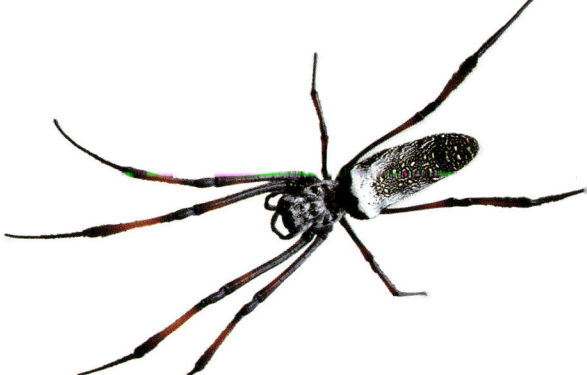

gen. Luchsspinnen-Weibchen machen ihre Eikokons an Pflanzen fest und bewachen sie, bis die Spinnenbabys schlüpfen.

LYRIFORME ORGANE

Sinnesorgane der Spinnen, die vor allem auf den Beinen sitzen und mit denen sie Erschütterungen wahrnehmen können.

N

NABE

Kreisrundes Gebilde aus Seide in der Mitte eines Radnetzes.

P

PHEROMON

Ein chemischer Duftstoff, den Spinnen abgeben, um Geschlechtspartner anzulocken. Manche Spinnen benutzen ihren Sexuallockstoff auch zum Anlocken von Beutetieren.

R

RADNETZSPINNEN

Eine Familie der Echten Spinnen, deren Angehörige Radnetze bauen.

RAUBSPINNEN

Spinnenfamilie, deren weibliche Mitglieder ihre Eipakete mithilfe der Kieferklauen mit sich herumtragen. Kurz vor dem Schlüpfen bauen sie außerdem für die Eier Schutzzelte aus Seide.

RÜCKENSCHILD

Die schildartige Platte auf der Oberseite des Spinnenvorderleibs.

S

SCOPULA

Ein dichtes Polster sehr feiner, kurzer Haare, das manche Spinnen zwischen den Fußkrallen haben und das ihnen auf glatten Untergründen einen besseren Halt gewährt.

SICHERHEITSFADEN

Seidenfaden, an dem sich eine Spinne – meistens zu Fluchtzwecken – fallen lässt und über den sie später wieder zu ihrem Ausgangspunkt gelangen kann.

SPEISPINNEN

Spinnenfamilie, deren Angehörige durch einen aufgewölbten Rückenschild gekennzeichnet sind und große Spinndrüsen besitzen, die sowohl Gift als auch Leim herstellen können.

SPIDERLING (SPINNENBABY)

Junge Spinne. Spinnenbabys sehen fast so aus wie voll entwickelte Tiere, sind aber noch wesentlich kleiner als diese.

SPINNENTIERE

Tiere, die zu dieser Klasse gehören, sind Fleischfresser und besitzen 8 Beine. Neben den Echte Spinnen zählen u. a. Milben, Zecken und Skorpione zu den Spinnentieren.

SPINNWARZE

Eine besondere Öffnung am Hinterende des Hinterleibes einer Spinne, aus der sie Spinnseide austreten lassen kann.

SPRINGSPINNEN

Spinnenfamilie, deren Angehörige sehr neugierige, tagaktive Räuber sind. Ihre beiden vorderen Beinpaare sind sehr kräftig entwickelt, und viele Springspinnen sind außerdem sehr auffällig gefärbt.

T

TARNUNG

Die Färbung, Zeichnung und Gestalt eines Tieres, die es optisch mit seiner Umgebung verschmelzen lässt und auf diese Weise vor Räubern schützt.

TASTER

Kurze, beinartige Gliedmaßen links und rechts von den Mundwerkzeugen. Bei erwachsenen männlichen Tieren sind die Tasterspitzen zu besonderen Organen umgewandelt, mithilfe derer sie ihren Samen in den Körper der Weibchen bringen können.

V

VERDAUUNG

Bei den Spinnen findet die Verdauung außerhalb des Körpers statt.

VOGELSPINNEN

Spinnenfamilie, deren Angehörige alle meist sehr groß gebaut und stark behaart sind. Trotz ihres Furcht erregenden Aussehens stellen die meisten Vogelspinnen für den Menschen keine Gefahr dar.

W

WOLFSSPINNEN

Spinnenfamilie, deren Mitglieder flinke Jäger sind, große Augen besitzen und meisten am Boden leben.

Z

ZITTERSPINNEN

Spinnenfamilie, deren Angehörige sich durch sehr lange Beine auszeichnen. Zitterspinnen bauen außerdem sehr dürftige Netze unter Steinen, in Höhlen und in Zimmerecken.

SCHLAGWORTREGISTER